▶아크로버틱한 변형 스핑으로 세계를 누빈 데니스·빌만(스위스)의 빌만 스핑

◀밸런스가 잡힌 아름다운 스케이팅을 보여주는 카라·이와노와(소련)

▶손가락 끝으로 신경을 집중시키면서 자신있는 포즈를 취하고 있는 브라이언·오서 (카나다)의 피닛슈

◀알렉산드·화디프 (소련)의 남성적인 스파이럴

▲카테리나·마트우셋크와 로이드·아이슬러(카나다)의 조화있는 스파이럴

▲호쾌한 스케이팅을 보이는 바버라・앙힐과 폴・마티나(캐나다)의 페어 스핑

▲공중 높이 던져진 프롯스터와 슈로터(동독) 조(組)의 슬로우 점프

▲빌깃트・로렌스와 크누트・슈베르트(동독)의 머리 높이 여성을 들어올리, 상당히 훌륭한 리프트

▶전신을 사용하여 감정을 표현한 나타리아·페스테미아노프와 안드레이·부킹(소련)의 연기(連技)

▼플로어 댄스의 흐름을 전통적으로 받아들인 커플, 카렌·바바와 닛키·스레터(영국)

▲싱글·스케이터로 널리 알려진 스피드감 있는 커플, 쥬디·브렌버그와 마이클·시버트(미국)의 연기

▲세계의 스케이트 팬을 매료시킨 최고의 댄스 커플, 진·토빌과 크리스토퍼·딘(영국)의 멋진 댄싱 폼

■ 품위와 예술성을 유감없이 펼쳐, 올해 나가노 동계올림픽 피겨스케이팅 페어 우승을 차지한 러시아·아르투르 드미트리에프·옥사나 카자코바.

환상의 스케이트, 당신도 즐길 수 있다!

# 현대 피겨 스케이트교본

**현대레저연구회편**

太乙出版社

## 첫머리에

# 스케이팅의 매력

　현대 스케이트의 매력은 어디에 있는가?
　이러한 질문에 대해 많은 스케이트 애호가들은 다음과 같이 말하고 있다.
　"자세히는 모르지만, 어딘지 스케이트를 그만 둘 수 없는 점이 있다."
　스케이트를 배우고 나면 확실히 그러한 점이 있다. 스케이트는 자신의 능력에 맞추어 마이 페이스로 연습할 수 있고, 어느 정도 익혔어도 "이것으로 됐다"라고 하는 한계가 있을 수 없는 이 두 가지 점이 애호가들에게 언제까지나 매력을 주는 점이라 느껴진다. 스케이트를 일찍부터 배운 선배나 선수들의 이야기를 들어도 역시 이러한 매력이 스케이트를 그만둘 수 없게 하고 있다는 것을 잘 알 수 있다.
　이 책은 현대 스케이트의 모든 것을 다룬 종합 가이드이다. 기본적인 스피드 스케이트에서 상당한 기술을 요하는 피겨 스케이팅에 이르기까지 거의 완벽하게 꾸며진 최신 스케이트 지침서라고 할 수 있다.
　기초 부분을 반복하면서 고도의 기술을 쌓아 나간다면 어려운 기술도 자연스럽게 이해되리라 확신한다.
　이 책에서 자세하게 소개되는 기초 지식과 기본 활주법 등을 참고로 하여 독자 여러분이 관심을 가지고 노력한다면 의외로 멋진 스케이팅을 즐길 수 있을 것이다.

　　　　　　　　　　　　　　　　　　　　　　편　자　씀.

# *차 례

- 첫머리에 / 스케이팅의 매력 ················································ 11

## 1. 스케이트 입문 ···················································· 17

### 스케이트의 역사 ···················································· 18
- 스케이트는 언제부터 ················································ 18
- 생활도구에서 놀이 용구로 ········································· 19
- 스케이트 경기의 시작 ··············································· 20

### 용구(用具)와 복장(服裝) ········································· 22
- 스케이트화(靴) ······················································· 22
- 3종류 브레드의 특징 ················································ 24
- 브레드 붙이는 법 ···················································· 26
- 복장과 매너 ···························································· 27

### 초보의 스케이팅 ···················································· 28
- 인 에지와 아웃 에지 ················································ 28
- 준비 운동 ······························································· 29
- 스케이트화 신는 법 ·················································· 29
- 빙상보행(氷上步行) ·················································· 30

### 스케이팅의 기본 ···················································· 34
- 전진 활주(前進滑走) ················································ 34
- 회전법 ·································································· 39
- 서는법 ·································································· 40
- 후진 활주(後進滑走) ················································ 42

# 차 례*

## 2. 피겨·스케이트 ········· 47

### 피겨 스케이팅이란 ········· 48
개설―도형은 모든 것의 기본 ········· 48
경기의 종류 ········· 50
연령 제한(年齡制限) ········· 50
채점 방법(採点方法) ········· 51
순위의 결정방법 ········· 52

### 피겨의 역사 ········· 55
헤인즈의 공적(功績) ········· 55
세계를 바꿔놓은 천재 소녀 ········· 56
구미(歐美)의 대립시대 ········· 58

### 피겨 스케이팅의 길 ········· 63
노력을 이기는 천재는 없다 ········· 63
마음 먹은 날이 바로 길일 ········· 63
크럽과 코치 ········· 64
테스트를 받는다 ········· 65
트레이닝의 필요성 ········· 66
음악과 무용감각 ········· 66

## 3. 싱글·스케이팅 ········· 69

### 컨버서리·피겨의 개념 ········· 70
### 기본연습(基本練習) ········· 72

# * 차 례

바른 자세 ································································ 72
스트로킹 ······························································· 75
백 · 스케이팅(양발) ············································ 78
백 · 스케이팅(한발) ············································ 79
포워드 · 아웃사이드 · 세미 · 서클 ···················· 80
포워드 · 인사이드 · 세미 · 서클 ······················ 83
백 · 아웃사이드 · 세미 · 서클 ·························· 85
백 · 인사이드 · 세미 · 서클 ······························ 86
쓰리 · 턴 ······························································· 87

## 대표적인 도형의 활주법 ······································ 89
서클 8 – 포워드 · 아웃사이드 ··························· 89
서클 8 – 포워드 · 인사이드 ······························· 91
서클 8 – 백워드 · 아웃사이드 ··························· 92
서클 8 – 백워드 · 인사이드 ······························· 93
써펜다인 – 포워드 ··············································· 94
써펜다인 – 백워드 ··············································· 97
쓰리(ISU 도형표 No. 7 a, d) ··························· 100
쓰리(ISU 도형표 No. 8 a, b) ··························· 102
쓰리(ISU 도형표 No. 9 a, b) ··························· 104
더블 · 쓰리 ··························································· 106
루프 ······································································· 108
브래킷 ··································································· 110

# 차 례 *

- 카운터 ················································· 114
- 록커 ···················································· 115
- 프리·스케이팅의 개념 ······························ 118
- 중요한 구성 요소 ····································· 120
- 쇼트·프로그램 ······································· 123
- 초보적 요소의 연습 ·································· 124
  - 크로스 오버·스케이팅(전진) ··············· 124
  - 크로스 오버·스케이팅(후진) ··············· 126
  - 모호크·턴 ········································ 127
  - 왈츠·스텝 ········································ 129
- 스핑 ···················································· 131
  - 양발스핑 ·········································· 132
  - 스탠드·스핑 ····································· 134
  - 쇼트·스핑 ········································ 136
  - 백·스크러치·스핑 ···························· 139
  - 크로스·풋·스핑 ······························· 141
  - 캬멜·스핑 ········································ 143
- 점프 ···················································· 145
  - 점프를 하기 위해서 ···························· 146
  - 버니·홉 ··········································· 149
  - 쓰리·점프(왈츠·점프)=반회전 ············ 150
  - 썰코·점프=1회전 ······························ 153

# *차 례

더블·썰코 ················································ *156*

루프·점프=1회전 ································· *159*

토우·루프·점프=1회전 ························ *161*

프립·점프(토우·썰코)=1회전 ············· *163*

프립의 초보적인 연습법 ······················· *166*

룻·점프=1회전 ···································· *169*

액셀·바울젠·점프=1회전 반 ··············· *171*

## 4. 페어·스케이팅과 아이스 댄싱 ········· *177*

페어·스케이팅 ········································ *178*
   페어·스케이팅이란 ····························· *178*
   중요한 구성 요소 ································ *179*
아이스 댄싱 ············································ *183*
   기본 동작 ············································ *183*
   컨버서리·댄스 ····································· *184*
   오리지날·셋트·패턴·댄스 ··················· *185*
   프리·댄싱 ············································ *185*

## 5. 알기쉬운 스케이트 지식 ················· *187*

전문 경기에로 나아가는 사람을 위하여 ········ *201*

부록 ························································· *211*

# 스케이트 입문

# INTRODUCTION TO SKATING

# □ 스케이트의 역사

### ▶ 스케이트는 언제부터

스케이트의 기원에 대해서 확실한 문헌은 없읍니다. 그것은 대부분, 스케이트가 스키나 썰매의 경우나 마찬가지로 겨울내내 '생활의 필요'에서 부터 생겨났기 때문으로, 스포츠나 놀이의 한 종류로는 생각하지 않았기 때문이겠죠.

하지만 역사를 더듬어 보면 굉장히 오래 전부터 스케이트가 있었던 것을 알 수 있읍니다. 소련의 유명한 스케이터였던 파닌은 '최초의 스케이트는 짐승의 뼈로 만들었다'고 다음과 같이 말하고 있읍니다.

'석기시대 유적 중에서 뼈로 만든 썰매의 런너(활주부분, 스케이트의 브레드에 해당함)와 같은 것이 발견되었다. 이 뼈는 그 크기와 군데 군데 파인 구멍 등으로 미루어 보아 원시 인류가 사용한 빙상 활주 용구인 듯하다.'

또, 1100년대의 구라파 문학 가운데는 '골제 용구를 발에 묶고 얼음 위를 달려가는 것을 보았다.'라고 하는 한 대목이 나온다고 합니다. 아마도 북 구라파(핀란드, 노르웨이, 스웨덴) 주위에서 고안되어 얼음이 언 강과 시내를 건너는 운반 용구로서 확대되어졌던 것 같읍니다. 그리고 구주의 해안 부근의 인도, 네델란드, 프랑스로부터 또다시 영국으로 건너간 것으로 생각됩니다.

현재 런던에 있는 대영박물관에는 짐승의 뼈로 밑을 댄 스케이트가 보관되어 있읍니다. 이것은 런던의 핀스베리·서커스의 매립지에서 발견된 것으로 약 1200년 전의 것이라고 전해지고 있읍니다.

● 19세기에 런던에서 발견된 짐승뼈로 제작한 런너

● 네델란드의 초기의 스케이트 풍경

▶ 생활 도구에서 놀이 용구로

스케이트가 놀이 용구로써 사용되어진 것은 유럽의 역사가 중세에 들어가면서 부터입니다. 영국에서 발견된 고서화(13세기 경의 것)에는 아이들이 수골제(獸骨制) 스케이트를 신발에 매어서 스키처럼 긴 장대를 짚으면서 빙상을 달리고 있는 것이 그려져 있읍니다.

그런 가운데 스케이트의 재료는 짐승의 뼈에서 나무로 변해갔읍니다. 역시 중세기의 그림 가운데에는 신들이 지금의 스케이트와 같이 활주부의 맨 앞이 올라간 목제 스케이트를 신고 달리고 있는 것이 그려져 있읍니다. 이 목제 스케이트의 고안자는 폴란드인이라고 알려져 있읍니다. 14세기에는 폴란드인이 그물처럼 얽혀져 있는 운하를 이 신병기를 신고서 건넜다고 전해지고 있읍니다.

사실 영어의 스케이트(skate)의 어원은 폴란드어 'schaata'인 것입니다.

이와 같이 생활의 도구에서 놀이 용구로 색체를 강하게 한 스케이트는, 17세기에 들어와서 먼저 스코틀랜드에 정착했읍니다.

에진벨라에 세계 최초의 스케이트 그룹 '스케이팅 크럽 오브 에진벨라(The skating club of Edinburgh)'가 탄생한 것입니다. 1742년의 일이었읍니다.

이것은 근대적 스케이트로 스케이트의 시작점이라고 생각해도 좋을 것입니다. 당시는, 브레드가 아직 목제였던 탓으로 그다지 좋지 않았는데, 이윽고는 대망의 철제 스케이트가 사람들 사이에 눈에 띄게 되었읍니다. 사실은 세계 최초의 철제 스케이트는 1772년에 실용화 되었지만, 대량생산이

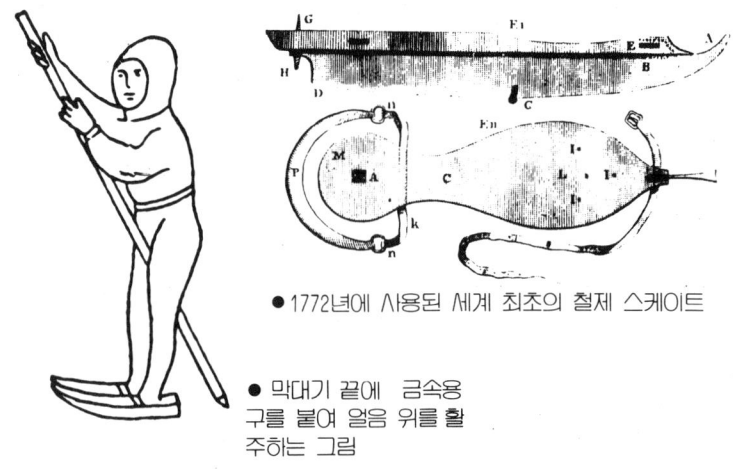

● 1772년에 사용된 세계 최초의 철제 스케이트

● 막대기 끝에 금속용 구를 붙여 얼음 위를 활주하는 그림

가능하지 못하여 19세기 중엽까지 일반에게는 보급되지 못했읍니다. 이 용구의 근대화에 한 몫을 한 사람은 미국 필라델피아에 사는 E·W·브슈넬이라고 하는 사람입니다. 17세기가 되자 미국과 카나다에서도 스케이트는 성황을 이루게 되었는데, 이 유행을 타고 1850년에 스틸(강철)제 브레드가 세상에 나오게 되었읍니다. 한 조에 30달러라고 하는 상당한 가격이었지만, 사람들은 다투어 이 최신 유행의 용구를 손에 넣으려 했던 것입니다.

그 덕분에 브슈넬은 미소가 끊이지 않았지만, 그는 단순히 돈을 벌기 위해서만이 아니라, 에지(edge)부분에 좀더 개량을 시켜서 스핑과 턴이 잘 되도록 했읍니다.

▶ 스케이트 경기의 시작

용구의 발견, 스케이터들의 증가와 함께 기술도 점점 진보해 가고 드디어는 스케이트가 경기로서 확립되어, 스피드·아이스 하키·피겨 등 3개로 분화되었읍니다.

스케이트는 당초 '단지 미끄러진다'라고 하는 것이 목적이었던 관계로, 이점에서 본다면 가장 최초의 스케이트 종목은 '스피드'였으리라 짐작됩니다.

하지만 실제로는 피겨의 발달이 더욱 빨랐었다 합니다. 그 내용은 불확실하지만, 1770년에는 일생의 대부분을 구주에서 보내고 있었던 미국인 화가 벤쟈민·웨스트가 세계 최초의 스케이트 선수권에 우승했다 라고 책에 쓰여져 있읍니다. 이때부터 피겨의 초보자라도 할만한 고형스텝이 고안되고, 비인·부다페스트·브라하·뮌헨·베를린 등은 스케이트 열의 중심지가 되었읍니다.

거기에 미국인 잭슨·헤인즈가 출현, 피겨에 일대 혁명을 일으켰읍니다. 헤인즈는 발레·마스터였는데, 볼일 때문에 몇 번 유럽에 드나드는 사이에 가끔씩 빈에서 사람들이 리듬이고 뭐고 상관없이 스케이트를 타는것을 보고 음악과 결부시켜서 스케이트를 타는 것을 생각해냈읍니다. 그래서 헤인즈는 유럽 각지에서 '학교'를 열고, 1875년에 핀란드에서 그 일생을 마쳤는데, 그의 묘에는 '미국인 스케이트의 왕'이라는 존칭이 새겨져 있읍니다.

스피드·스케이트로 비공식적이지만 세계선수권 대회가 시작된 것은 1884년 입니다. 또 1890년에는 소년의 메텔브룩(현재의 레닌그라드)에서 성대한 국제 스피드 스케이트 경기 대회도 열렸읍니다.

한편, 북미 대륙에서도 1887년에는 카나다 선수대회가, 1891년에는 북미(미국과 카나다)선수권 대회가 시작되었읍니다.

그리고 1892년에는 유럽 13개국의 대표가 모여 국제 스케이트 연맹(ISU-International Skating Union)이 결성된 것입니다.

다음해인 1893년부터는 스피드의 세계 선수권이 공식적으로 시작, 1896년부터는 피겨에서도 세계 선수권이 시작되었읍니다.

이상의 것은 남자에 관한 이야기로 여자의 국제 시합은 피겨가 1906년, 스피드는 1936년부터 시작되었읍니다.

동계 올림픽은 1924년부터 시작되었지만, 스피드 여자종목만은 제8회(1960년)부터 시작되었읍니다.

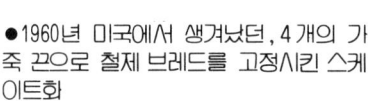

●1960년 미국에서 생겨났던, 4개의 가죽 끈으로 철제 브레드를 고정시킨 스케이트화

아이스·하키는 19세기 중엽에 카나다에서 현재의 경기 원형이 만들어졌읍니다. 이 경기의 기원은 옛날서부터 영국과 폴란드 등에서 행해졌던 반디(Bandy)라고 하는 것이라고 말해지고 있읍니다.

하지만 하키(Hocky)라고 하는 말은 프랑스어로 양치는 막대기를 의미하는 'Hoquet'이다 라고 전문가들은 말하고 있읍니다.

어쨌든 반디는 유행을 하지 못했기 때문에, 카나다인을 실질적인 창시자라고 생각해도 틀리지 않으리라 생각하고 있읍니다.

뭐니뭐니해도 아이스 하키에는 경기자체에 스피드와 스릴이 있기 때문에, 미국, 구주에 급속히 퍼져나갔읍니다.

국제 아이스 하키연맹(IIHF=International Ice Hockey Federation)이 생겨난 것은 1908으로 ISU보다 조금 늦어졌읍니다.

## □ 용구와 복장

### ▶ 스케이트화(靴)

스케이트를 하기위한 용구라고 한다면 뭐니뭐니 해도 브레드(본래, 칼 모양의 것인데, 여기에서는 구두에 붙이는 금속용구라고 생각하십시오. 일반적으로 에지라고 하는 것은 얼음에 접하는 활주면을 일컬음)와 구두입니다.

스포츠 용구점에 가면 브레드가 구두에 붙어있는 것을 많이 살 수 있는데, 살 경우에는 브레드가 붙어있는 위치가 실제의 활주에 미묘한 영향을 주기 때문에 따로이 사서 잘 상담한 후에 붙이는 것이 바른 방법입니다. 여기에 대해서는 뒤에서 언급하겠읍니다.

● 앞은 뱃머리 모양이고 뒤는 활처럼 된 이 스케이트화는 잭슨·헤인즈에 의해 발명되었다. 이 형태는 70년 만에 국제적 스타일로서 사용되었다.

● 피겨 스케이트용의 구두와 브레드

● 스피드 스케이트용 구두

● 피겨 스케이트용 구두

● 아이스 하키용 구두

 스케이트화도, 스피드, 피겨, 하키 경기마다 각각 그 용도에 따라 다르게 만들어집니다. 그렇기 때문에 자신이 어떤 것을 할 것인가에 따라서 하나를 선택하지 않으면 안됩니다.
 그런데 지금부터 활주법을 배우려는 사람, 기술적으로 초보단계에 있는 사람에게는 피겨용을 권하고 싶읍니다. 그 이유로 2가지가 있읍니다.
 제 1은 브레드의 높이가 낮고 에지의 폭이 넓기 때문에 구두를 신었을 때, 불안감이 없는 것.
 제 2는 브레드에 비해서 스피드가 나기 때문에 위험이 적다는 이유입니다. 점점 익숙해짐에 따라 하키, 스피드화로 바꾸어 가면 괜찮으리라 생각

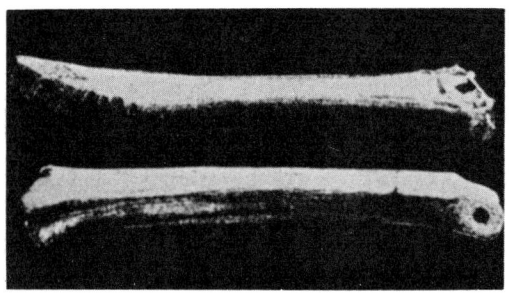

● 윗쪽이 하프 스피드용. 아래쪽이 스피드용 에지

합니다.
 하지만, 본격적인 스피드용은 '선수' 클라스를 위한 것으로서, 보통 사람이 그다지 잘 하지도 못하면서 신는다는 것은 좀 어려운 일이라고 생각합니다.
 또, 실내 링크에서는 위험을 피하기 위해 스피드용의 사용을 금하고 있는 점이 사실이라는 것을 알고 계셨으면 좋겠읍니다.
 피겨는 거북하다라고 하는 사람은 하프 스피드용이라고 하는, 에지가 조금 짧은 것이 있는데, 이 정도의 단계로 한다면 어떨까요?

### ▶ 3종류 브레드의 특징

 스피드용 스케이트는 무엇보다 스피드가 나지 않으면 안되므로 구두도 브레드도 아주 단단히 만들어진 것이 그 특징입니다. 에지의 두께도 겨우 1.5~2mm입니다. 빙면에 접하는 부분이 직선적이며, 브레드가 길면 길수록 잘 미끄러지고 속도가 나기 때문입니다.
 하지만 너무 길게 되면 한쪽 브레드에 부딪힌다든지, 밟힌다든지 하는 원인이 됩니다.
 아이스 하키용은 빠른 스피드와 함께 급정지, 자유로운 회전이 필요합니다.
 여기에서 브레드는 피겨 정도 전후의 휘어짐은 없지만 어느정도 붙여서 회전이 잘되도록 합니다. 활동이 자유롭게 될수 있도록 길이는 구두와 거의 같을 정도(약30cm), 에지의 넓이는 2.5~3mm입니다.
 피겨용은 브레드가 구두와 대체적으로 같은 길이로 에자는 넓이 약 3mm로 가장 두껍고 홈은 하키용보다도 깊게 파여져 있읍니다.
 피겨는 도형을 그리기 때문에 에지가 손톱처럼 예리하지 않으면 옆으로 휘어져 미끄러집니다. 또, 전후의 휘어짐도 하키보다 큰 폭이어야 하고 맨앞(토우라고 함)의 부분에는 톱니처럼 파서 점프와 스핑 등에 편리하게 끔 만들어져 있읍니다.

피겨에는 컨버서리(규정＝도형을 그린다)와 프리라고 하는 경기가 있고, 각각 에지의 형태가 다릅니다.

프리용은 점프의 밟기와 토우를 사용할 것 등의 여러가지 기술을 행하는 관계상, 가장 아래의 톱니바퀴가 커다랗고, 컨버서리용은 이 토우의 가장 아래에 있는 톱니 바퀴가 불필요한 것이지요.

홈의 크기도 프리용의 쪽이 더 깊고, 컨버서리용의 쪽이 얕게 파여져 있읍니다.

상급 클라스가 되기까지는 무리하게 두발의 구두에 나눌 필요가 없다고 생각됩니다. 또, 처음일 때에는 특별히 고급 브레드를 사용하기보다 스케이터의 수준에 맞는 것을 선택해야 합니다.

그리고 스케이트 링크에 있는 지도자나 스케이트 관계자와 상담하는 것이 가장 좋은 방법일 것입니다.

에지가 닳아서 옆으로 휘어져 미끄러지면 피겨는 되지 않읍니다. 스케이트의 브레드는 똑바로 서있는 것이 필요하고, 그 때문에 때때로 손을 봐주지 않으면 안됩니다.

선수 클라스가 되면, 대개 자신이 에지를 다듬는데 익숙치 않은 동안은 가게에 맡기는 것이 좋을 것입니다.

스케이팅을 끝낸 후에는 꼭 마른 수건으로 물기를 닦아내고 수분을 없애도록 주의하십시오.

또 구두를 신은 채 마루 위를 걷는다든가(특히 링크 바깥), 운반할 때는 커버를 씌우고, 그 이외는 깨끗이 보관해 두도록 하십시오.

보존은 습기가 많은 곳이라든가 건조하기 쉬운 장소는 피하십시오.

●윗쪽이 프리용(자유형용), 아래쪽이 컨버서리용 브레드

▶ 브레드 붙이는 법

구두도 용도에 따라 구입하지 않으면 안됩니다.

제 1조건은 발에 딱 맞는 것입니다. 하지만, 그것보다 더 중요한 것은 브레드 붙이는 법입니다. 빌린 스케이트화를 신고 활주했을 때, 왠지 맞지 않는다는 느낌이 든다든지, 사실 제대로 달려지지 않는 것은 브레드의 위치가 당신에게 맞지 않기 때문입니다.

사람이 각각 그 골격이 다르고, 다리가 X형이라든지, O형이라든지, 다리가 굽었다든가 하여 각각 다릅니다.

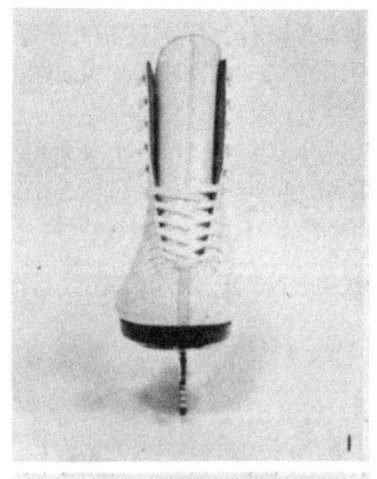

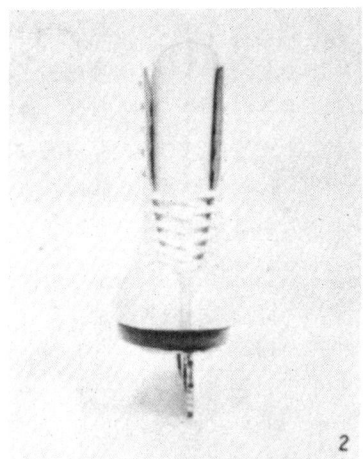

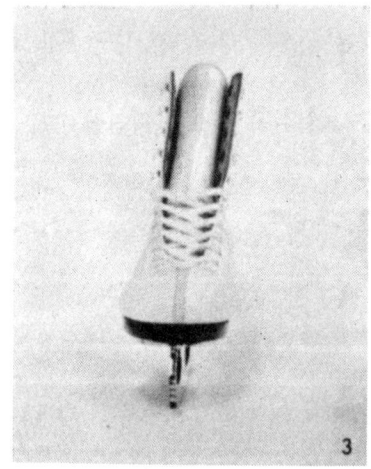

● 브레드를 올바르게 붙인 위치. 구두의 박음 선이 중심선이 되는 것은 아님.
● 너무 안쪽으로 붙인 경우. 이 경우에는 발목이 바깥쪽으로 넘어질 것입니다.
● 너무 바깥쪽으로 붙인 경우. 발목이 안쪽으로 넘어질 것입니다.

바른 골격을 가진 사람이라면, 브레드를 발에 대었을 때 엄지와 검지의 중간과 발 뒤꿈치 중앙에 연결되는 선상에 오는 것이 원칙입니다. 이것을 신발에 옮겨 붙이면, 일반적으로는 구두바닥의 중심선보다 에지의 폭 정도로 안쪽에 붙여지게 됩니다.

앞에서도 말했다시피 사람은 각각 그 골격도 다르고 또 구두를 신는 방법도 외관상으로는 똑같아 보여도 신어 보면 각각 다릅니다.

따라서 맨 처음에는 원칙대로 붙여주십시오. 하지만, 여기서는 일부러 서기라고 해서 앞쪽에 나사 2~3개, 발뒤꿈치 쪽에 2개만으로 세워집니다. 그리고 한번 미끄러져 보십시오.

여기에서 발목이 한쪽 방향으로만 휘어진다든지 자신의 생각대로 미끄러지지 않을때는 조금 위치를 옮겨서 달아 자신에게 가장 맞는 장소를 찾아내도록 합니다. 딱 맞는 장소를 발견하게 되면 본격적으로 붙입니다.

이러한 붙이는 방법은 대단히 중요하고 또 경험이 필요한 것이므로 지도원이나 스케이트 관계자, 스케이트상회 등에서 잘 상담한 후 붙이는 것이 좋으리라 생각합니다.

마지막으로, 구두도 브레드도 빌린 것이 아니라, 자기 것을 가지는 것이 숙달되는 가장 가까운 길이므로 사정이 허락한다면 좋은 것을 사는 것을 권유합니다.

최근에는 국산품도 좋아져서 굳이 외국제 스케이트를 살 필요는 없지만, 오랜 세월의 전통과 역사를 가진 외국제에는 나름대로 훌륭한 물건이 많은 것도 당연합니다.

살 때는 전문가, 선배, 가게 등에서 상담해서 자신에게 맞는 것을 몸에 익숙하도록 하십시오. 한번의 지출이 많기는 해도 스케이트를 가지게 되면 긴 시간 동안 사용하기 때문에 결국은 좋은 품질을 선택하는 것이 득이 됩니다.

### ▶ 복장과 매너

복장은 특히 '스케이트용'을 필요로 하진 않습니다. 결국 경기대회에서 선수가 입는 것 같은 것은 전문적으로 이 길을 가는 사람이외는 그다지 필요한 것이 아니지요. 남자의 경우 평상시 복장이라도 충분합니다. 하지만 경쾌한 것일 것.

여자의 경우에는 슬랙스가 좋겠읍니다.

실내 링크에서도 꽤 춥기 때문이기도 하고, 옥외라면 바람을 생각하지 않으면 안되기 때문입니다.

그렇기 때문에 바람이 잘 통하지 않는 하의가 적당하겠는데, 반대로 운동으로 땀을 많이 흘리게 되기 때문에 갈아입을 바지 정도는 준비해 두는 것이 좋을 것입니다.

넘어질 경우는 상처가 심하게 나지 않게 하기 위해서 장갑도 준비해 두기를 바랍니다.

이어서 많은 사람들로 혼잡한 링크 안에서의 주의 사항을 2, 3개 들어보겠습니다. 먼저 얼음 위에 쓰레기 등을 버리거나 하지 마십시오. 레이스 중에 캬라멜 껍데기 한 장 때문에 넘어진 예도 있습니다. 쓰레기가 눈에 뜨이면 곧 바깥으로 내버려 주십시오.

다음의 것도 위험을 방지하기 위한 주의입니다만, 스피드를 너무 내지 말 것. 사람 바로 뒤에 붙어서 활주를 한다든지, 남과 잡담을 한다든지, 남을 괴롭히지 말 것. 스피드를 너무 내어서 스케이팅에 익숙치 못한 사람을 넘어지게 한다든지, 사람의 뒤에 딱 붙어서 달리면, 앞사람이 넘어지고 자기 자신도 그에 부딪혀 넘어진다든지 해서 상처를 낼 우려가 다분합니다. 링크는 모두의 것입니다.

## ☐ 초보의 스케이팅

### ▶ 인 에지와 아웃 에지

스피드 · 피겨 · 아이스하키를 전문적으로 공부해가는 단계를 밟게 되면, 각각의 목적에 맞는 테크닉을 몸에 익힐 필요가 있게 됩니다. 하지만 초보 단계에서의 '활주한다'라고 하는 기본적인 것은 '공통적'인 것입니다.

여기에서 장래에 전문적인 길을 가고자 하는 사람이 있더라도 먼저 기본이 되는 스케이팅을 충분히 공부하고, 스케이트를 자신의 발처럼 여기에서 자유롭게 활동할 수 있게 하지 않으면 안됩니다.

이야기를 시작하기 전에 먼저, 사진을 보아 주십시오. 이미 브레드가 빙면에 닿는 부분을 에지라고 부르는 것과, 그 에지를 깨끗하게 보관하지 않으면 잘 미끄러지지 않는다는 것도 얘기했습니다. 이 에지는 여러분들이 스케이트를 신고 빙면에 섰을 때, 왼쪽이나 오른쪽발의 안쪽에 해당하는 부분을 인(인사이드)에지, 바깥쪽에 해당하는 부분을 아웃(아웃사이드)에지라고 부릅니다.

스케이트로 달린다고 하는 것은 이 아웃 · 인 중, 어느 쪽인가를 사용

● 인에지와 아웃에지

하는 것으로, 말하자면 플랫(에지를 아무 쪽에도 세우지 않고 접촉면을 평평하게 해서 빙면에 접하게 한다)을 사용하는 것은 그다지 없읍니다. 여기에서 어느 쪽인가의 에지에 중심을 두고 체중을 기울게 하는 것은, 몸을 자연스럽게 경사지게 할 필요가 있읍니다.

이상으로 어려운 이론은 생략하는데 위에서 언급한 것만이라도 염두해 두시기 바랍니다.

### ▶ 준비 운동

아이스·스케이팅을 보고 있노라면, 빙상을 시원스럽게 달리는, 정말로 즐거운 듯하고 또 즐거운 스포츠로 여겨집니다. 사실, 경기대회에서 선수들처럼 달리기 때문이 아니라, 자신의 체중을 이용해서 달리기 때문에 결코 격렬한 스포츠는 아닙니다.

하지만, 뭐니뭐니해도 달리는 기쁨이 최고이죠.

준비운동을 하지 않는다면 신체의 근육이 풀리지 않아 쥐가 난다든지, 뻔다든지 하는 예가 상당히 많은 것으로 알고 있읍니다. 달리기 전에는, 준비 운동을 반드시 하는 습관을 붙이십시오.

### ▶ 스케이트화 신는 법

구두 끈을 충분히 벌려 발을 넣고 발 뒷꿈치를 딱 바닥에 붙입니다. 이 때 브레드의 뒷꿈치를 바닥에 붙이고 앞쪽을 들리게 합니다. 그렇게 하면

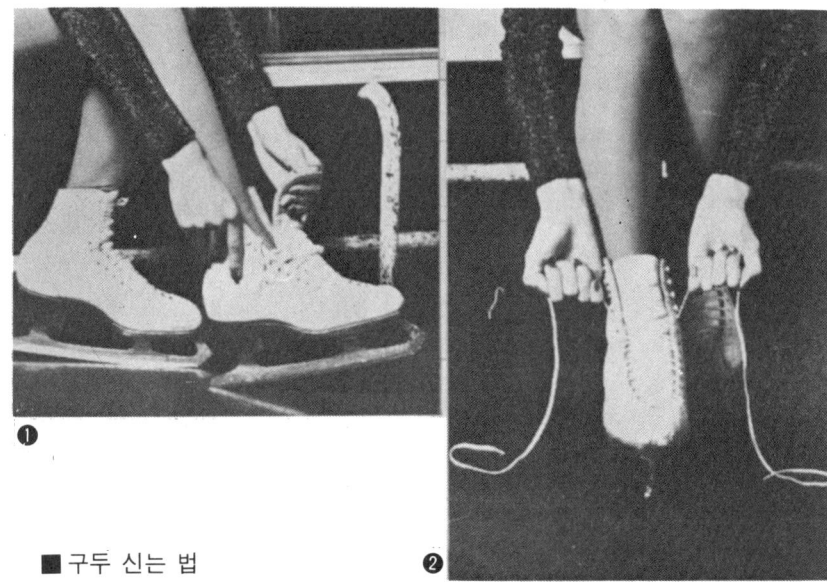

■ 구두 신는 법
①구두끈을 충분히 벌려 발을 집어 넣고 발 뒷꿈치를 고정한다. 이 때, 사진처럼 발 앞 끝을 들고 신도록 한다.
②발목 부분에서 단단히 매고 그 위는 가볍게 매도록 한다.

 뒷꿈치가 완전히 고정이 되지요. 여기에서 구두 전체를 바닥에 붙인 채로 신게 되면, 발이 앞으로 밀려 나가 버립니다. 끈은 발목 부분에서 강하게 매어 주십시오. 그리고 위의 부분은 너무 강하게 매면, 발목이 구부러지지 않게 되기 때문에 극히 보통 상태로 매어 주시면 됩니다.
 구두끈이 남는다고 해서 발목에 둘러매는 사람이 있는데, 이것은 말리고 싶은 일입니다. 빌린 구두일 때에는 별수가 없겠지만, 자기 스케이트화일 때에는 남는 부분은 잘라내어 버리십시오.

▶ 빙상 보행(氷上步行)
 처음으로 스케이트화를 신는 경우는 똑바로 서는 것조차 어려운 일입니다.
 따라서 의자라든가, 기둥에 몸을 의지한 채로 서서 그 자리에서 제자리 걸음을 해 봅니다.
 특히 처음에는 발목이 휘청해서 걸을 수도 없는 기분이 들지만, 점차 반복하는 사이에 조금씩 안정되어 갑니다.

■ 좋지 않은 구두 신는 법

① 전체를 바닥에 붙이고 신으면 발이 앞 쪽으로 쏠려, 뒷꿈치가 고정되지 않는다.

② 끈이 남더라도 이와 같이 발목에 두르지 않을 것. 발목에 둘러서 매게 되면 발목이 구부러지지 않게 된다.

〈세계 선수권에서의 연승 ①〉

세계 선수권 대회에서의 연승 기록의 최고는, 남자 싱글에서는 칼·셰이퍼(오스트리아)의 7 연승(1930~36). 이어서 쎌코·점프의 창시자로 알려져 있는 울리히·쎌코(스웨덴)의 5회. 그의 경우는 1901년에서 5년, 또다시 1년이 지난 1907년에서 11년까지 2번에 걸쳐 기록을 세웠다. 그 외에 5 연승은 전후 최대의 선수라고 일컬어지는 리차드·빤텀(미국)이 1948년에서 1952년에 걸쳐 기록을 세우고 있다.

여자 싱글에서는 쏘냐·헤니(노르웨이)의 10회 연승(1927~193 )이 1위. 2위는 남자와 마찬가지로 5 연승으로 프랭크·서보 부인(오스트리아, 1922~26)과 캐롤·헤이스(미국, 1956~60)의 두 사람이 보유하고 있다.

그리고 드디어는 손을 떼고 걸음을 걸을 수 있게 됩니다. 손을 뗄 수 있게 되면, 혼자서 링크 사이드까지 걸어가 봅니다. 흔들흔들거려도 혼자서 걷는다면 육상에서의 연습은 합격입니다.

그리고 이제부터 빙상에 내려서야 되는데, 그 전에 한번 난간을 잡고, 가볍게 무릎을 굽히는 운동을 하고 또, 구두끈이 풀리지 않나를 한번 더 확인해 둡니다.

빙상에 서면, 난간을 한 손으로 살짝 잡고 (올려 놓듯이), 또 한번 걸어봅

■ 빙상 보행
① 한쪽 손을 난간 위에 올려 놓고, 양발을 모아 발 앞끝을 조금 벌리고 선다.
② 오른 발을 조금 앞으로 낸다. 여기서 주의할 것은 발을 너무 앞으로 내지 말 것.
③ 왼발을 앞으로 낸다.

❶

❷

❸

❶

❷ ❸

니다. 육상에서는 잘 걸어지던 것이 이번에는 발이 미끌거려서 미끄러질 것 같이 느껴질 것입니다. 하지만 여기서 난간을 꽉 붙잡아 버리면 도무지 스케이트가 늘지 않읍니다. 휘청거리게 되면 자세를 똑바로 하고 바로 서 주십시오.

점점 안정을 찾을 것입니다.

난간에서 손을 떼고서도 걸음을 걸을 수 있게 되면, 조금씩 앞으로 걸어 나갑니다. 이것이 바로 빙상 보행입니다.

이 빙상 보행에 들어갈 때, 다음의 것을 주의해 주십시오.

그것은 양 발꿈치를 붙이고 발 앞 끝을 조금 벌려(역八자형), 가볍게 무릎 과 발목을 굽히고 서서 사진처럼 조금씩 앞으로 나아가는데, 결코 난간에 체중을 기울여서는 안됩니다.

또, 두려운 기분이 들더라도 양 발이 벌려지지는 않게 하면서 완전히 한 쪽발을 들고 걸을 수 있도록 합니다.

빙상 보행을 반복 연습하는 동안에 점점 안정스러운 보행을 하게 되고, 그 것과 동시에 브레드가 조금씩 빙상을 달리는 느낌이 생깁니다. 여기서 이 번에는 걷는 방법을 느리게 합니다. 그러니까 결국 한쪽 발로 서 있는 시간 이 길어지는 것이지요. 여기서 중요한 것은 좌·우 같은 식으로 (한쪽 발로 서 있는 시간) 하지 않으면 안됩니다.

이 때가 되면, 아무래도 한쪽 발은 밸런스가 제대로 잡히는데, 다른 한쪽 발은 잘 안된다고 하는 일이 자주 있읍니다.

이런 때에는 좌・우가 같아지도록 잘 연습을 하면, 다음 단계에서는 어려움이 없을 줄 압니다.

밸런스가 제대로 잡히지 않은 채로 두게 되면, 나중에는 고생하게 되니 주의 하십시오.

자신의 입으로 좌・우, 좌・우, 하나・둘……이라고 세면서 끈기있게 반복하는 사이에 당신의 브레드가 빙상을 자연스럽게 미끄러져 나가게 될 것입니다.

## □ 스케이팅의 기본

### ▶ 전진 활주 (前進滑走)

빙상 보행을 하면서 브레드가 조금씩 앞으로 미끄러지기 시작하면, 다음으로 일반적인 전진 활주에 들어가는데, 달리기 위해 필요한 체중 이동을 연습합니다.

거기에는 먼저, 달리려고는 하지 말고 체중을 한쪽 발에 두는 동작을 해봅니다.

먼저, 걷는 요령의 기본 자세로 서고 한쪽 방향의 발에 체중을 둡니다. 나머지 발은 빙상에서 드는 듯한 느낌을 가집니다. 이번에는 반대 방향을 해 봅니다. 한 쪽 발을 들 때에 가볍게 빙면을 미는 듯한 느낌을 가지고 해 보십시오. 이상의 간단한 동작만으로, 체중을 두고 있는 쪽의 발이 조금씩 미끄러지기 시작합니다.

그리고 사진에서처럼 본격적인 전진 활주에 들어갑니다.

활주 동작은 굉장히 간단한 것인데, 초보자가 스피드를 내려하면 큰 상처를 내는 원인이 됩니다.

천천히 체중 이동을 반복하고 반복하십시오.

그리고 동작이 안정되면 한쪽 발을 2박자씩 달리도록 하고, 그 다음은 3박자씩 하면서 조금씩 그 시간을 길게 합니다.

서서히 스피드가 붙고 드디어는 일반 스케이터들과 같은 빠르기로 링크를 달릴 수 있을 것 같은 기분이 들 것입니다. 여기에서 또 하나, 좌우 발을 똑같은 상태로 상호 교환하고 밸런스를 잘 유지하면서 달리는 것을 덧붙여 말합니다.

여기까지 가능하게 된 사람들이 꼭 질문하는 것 가운데 '어느 쪽을 보면서 달리면 좋겠읍니까' 라고 하는 것입니다.

이 질문의 답은 길을 걸을 때 어디를 보면서 걸으면 좋은가, 혹은 자전거로 달릴 때 어디를 보고 달리면 좋은가 라고 하는 것을 잘 생각해 보면 좋으리라 생각됩니다.

스케이팅이 안정되게 되어 자유자재로 링크 가운데를 달릴 수 있게되면, 에지의 방향을 잘 생각해 보십시오. 전진하는 경우는 에지의 뒷부분으로 활주를 하게 됩니다. 이것은 마치 모타 보트가 수면을 달리고 있는 것과 같은 것이지요.

■ 체중 이동
① 한손을 가볍게 펜스 위에 놓고 선다(앞①).
② → ③ 왼발로 약간 얼음을 누르면서 오른발에 체중을 둔다(앞②).
④ 왼발을 오른발 옆에 올리고(앞③),
⑤ → ⑥ 오른발로 약간 얼음을 누르면서 왼발에 체중을 둔다(앞④).

■ 전진 활주
① 발끝을 약간 벌리고 선다.
② 양 무릎을 굽히고,
③ 왼발로 약간 얼음을 누르면서 체중을 오른발에

❸

❹

❺

❻

❼

❽

신는다.
④ 얼음을 누른 왼발을 얼음에서 떼어 한발 활주가 되게 한다.

⑤ 얼음에서 뗀 왼발을 오른발 옆에 붙인다. 그때 오른쪽 무릎을 약간 편다.
⑥ 다음 발로 옮기기 위해 다시 무릎을 구부린다.
⑦ ③의 반대.
⑧ ④의 반대.

■ 전진 활주의 나쁜 예
① 얼음을 누르며 왼발로 체중을 걸 때, 상반신을 앞쪽으로 구부린다.
② 왼발로 설 때, 얼음에서 뗀 오른발을 점프하듯 올리고 있다.
③ 오른발에 체중을 실은 채, 안쪽으로 넘어지고 있다.

❽

❼

❶

❷

❸

▶ 회전 법

전진 활주로 조금 스피드가 붙으면 링크의 코너에 간다든지, 또는 장애물 (사람이 서있다든지, 넘어져 있다든지)이 있다든지 할 때에는 회전을 할 필요가 있읍니다.

회전법도 여러가지가 있읍니다만, 여기서는 가장 초보적인 양발 활주로 커브를 그리는 방법을 연습하겠읍니다.

전진 활주에서 양발 활주가 되고, 자신이 회전하려고 하는 방향으로 기울입니다.

예를 들면, 왼쪽으로 회전하려고 하면, 왼쪽 발목을 바깥쪽(아웃)에, 왼발을 안쪽(인)으로 기울입니다.

그렇게 하면 몸은 자연스럽게 왼쪽으로 기울기 시작합니다. 다 기울어지면 양 발목을 원래의 수직 상태로 돌립니다.

스케이팅은 보통 왼쪽 돌기(시계침과 반대 방향)가 되고 있기 때문에, 아무래도 왼쪽 회전을 익히는 것이 좋겠지만, 오른쪽 회전도 똑같이 익히는 데 힘써 주십시오.

### ▶ 서는 법

서는 법에는 八자형, T자형, 훅·스톱 등 여러 가지가 있는데, 처음 연습하기에는 八자형 스톱이 가장 적절합니다.

이것은 스키의 전제동(全制動)과 같은 방법입니다.

조금 스피드를 내어서 양발 활주를 합니다. 양 발은 어깨 넓이 만큼 벌리고 양 무릎은 조금 굽힙니다. 양쪽발 모두 안쪽으로 모이는 八자형으로 만들고 양 발이 겹쳐지기 않도록 합니다. 그렇게 하면 에지가 옆으로 뉘어지게 되고, 이윽고는 멈춰지게 됩니다.

이 제동방법에서 주의할 점은 양발 활주가 되었을 때, 양 발을 평행이되게 하고 발목이 안쪽으로 넘어지지 않게끔 똑바로 세울 것과, 조금 체

■八자형 스톱

① 조금 스피드를 내어서 양 발을 어깨 넓이로 벌리고 서면, 양발 활주 형태가 된다.

❶

② 양발을 八자형으로 해서, 에지를 옆으로 눕히면서 세운다.

❷

■人자형 스톱
① 양발 활주를 한다.

② 한쪽 발(오른발)만을 앞으로 내어서, 발 앞끝을 안쪽에 향하게 해서, 옆으로 미끄러지면서 멈춘다.

■T자형 스톱
① (왼발의) 한쪽 발 활주로 양손을 옆으로 뻗는다.

② 오른발을 왼발 뒤꿈치 부분에 직각으로 붙이고 얼음을 밀듯이 하여 선다.

중을 뒷쪽에 두는 기분으로 멈춰서는 것입니다.

또, 초보자의 대부분은 양발을 동시에 제동을 걸기 보다, 한쪽 발만으로 제동하는 쪽이 밸런스를 잡는데 더 유리합니다. 이 방법은 人자형 스톱이라고 말해지며 사진과 같이 제동을 거는 발을 조금 앞으로 내는 형태가 됩니다.

또 한가지, 이번에는 반대로 안쪽발을 뒤로 해서 얼음을 밀어내는 식으로, 전진하는 힘을 정지시키는 T자법 스톱 방법을 해보겠읍니다.

전진 활주가 끝난 단계에서 한쪽 발을 뒤로 돌립니다. 멈추는 발을 오른쪽이라고 가정하고 설명을 하면 다음과 같읍니다.

달리는 방향이 되는 왼쪽 스케이트의 진행 방향에, 상체를 똑바로 세우고 무릎을 조금 굽힙니다.

양 손을 옆으로 해서 오른쪽 스케이트는 왼쪽 스케이트의 뒤에 전진 방향과 직각이 되도록 두고, 인사이드·에지의 쪽에 딱 기울입니다. 기울이기까지 오른발에 힘이 들어가지 않도록 하십시오.

오른발이 인사이드 얼음을 밀게 되면 그대로 밀리는 듯한 기분으로 앞으로 미끄러지는데, 속도가 떨어져 굽히고 있던 무릎을 세우면, 똑바로 섬과 동시에 멈춰지게 됩니다.

이 방법은 八자형 스톱과 같이 앞쪽이 맞물려진다든지, 양 발의 브레드가 붙는다든지 해서 비교적 쉬운 방법입니다.

▶ **후진 활주(後進滑走)**

백 스케이팅은 피겨와 아이스 하키를 해보려고 하는 사람에게는 빠뜨릴 수 없는 기술입니다. 초보의 사람에게 있어서는 어렵다고 생각되지만, 기본적인 이론은 전진 활주의 경우와 다르지 않고 결코 어렵지 않습니다.

백·스케이팅에는 2가지 방법이 있읍니다.

제1방법은 물결 흐르듯 활주하는 방법이고, 제2방법은 그림과 같이 표주박형으로 활주하는 방법입니다.

① 물결치듯 백 하는 방법

② 표주박형 백 스케이팅 방법

〈제 1 방법〉
　양 발을 조금 벌리고 서서 무릎을 굽힙니다. 그리고 발의 앞쪽에 체중을 두고, 양쪽의 뒷꿈치를 왼쪽 방향으로 그리고, 오른쪽 방향으로 서로 옮깁니다.
　이 단계에서는 물론 뒤로 잘 미끄러지지는 않읍니다.
　얼마간 이 연습을 하고 나면, 체중을 한쪽 발에 걸도록 합니다.　왼발에

❶

❷

❸

■제 1 의 방법
① 양발을 조금 벌리고 선다.
② 양 뒷꿈치를 왼쪽으로 향한다.
③ 양 뒷꿈치를 오른쪽으로 향한다.

체중을 걸고서 오른쪽으로 양쪽의 발끝을 움직이게 하고, 발끝이 오른쪽으로 움직이게 되면 체중을 오른쪽으로 옮깁니다. 그 다음은 그 반대로 오른발에 체중을 둔 채로 양발의 발끝을 왼쪽으로 향하게 해서 체중을 왼쪽 발로 옮깁니다.

이 연습은 처음 동안은 타이밍이 맞지 않아서 리드미컬하게 움직여지지는 않지만, 서서히 체중을 오른발에서 왼발에로 식으로 이동시키게 되면, 뒤쪽으로 자연스럽게 미끄러집니다.

〈제 2 의 방법〉
이것은 제 1 방법보다도 간단히 뒤로 나갑니다.

양 발을 八자형으로 해서, 무릎을 조금 굽힌 채 섭니다. 그리고 양발을 벌리면서 뒤쪽으로 미끄러집니다. 충분히 발이 벌려지면, 다음으로 발을 역八자형으로 해서 양발 뒷꿈치가 모아지도록 붙여 당깁니다. 그리고 이것을 반복합니다.

이상, 2가지 백·스케이팅 방법에 대해서 말했는데, 이들의 연습에 있어서 주의할 것은 도중에 동작이 멈춰지지 않도록 주의하라는 것입니다.

■제 2 의 방법
① 발을 앞쪽으로 모으고 설 것.
② 뒤쪽으로 미끄러지듯 양발을 벌리게 하고,
③ 충분히 다리가 벌어지면,
④→⑤ 발목을 반대로 향하게 해서 발앞쪽 끝을 벌려 발뒤꿈치가 붙을 때까지 당긴다.

하나의 움직임 도중은 물론이고, 1회째가 끝나고 2회째 동작에 들어갈 때 멈춰버리는 사람이 많습니다. 잘 미끄러지지 않더라도 동작을 멈추지 말고 계속하는 것이 중요합니다.

2가지의 방법이 가능하게 되면, 양쪽의 느낌을 잘 맞추어 또 조금 큰 활주 형태를 취해서, 이윽고는 한쪽 발로 스케이팅을 할 수 있게 되게 하십시오.

● 물 흐르는 듯한 백·스케이팅

# 2 피겨 · 스케이트

# FIGURE SKATING

# □ 피겨 스케이팅이란

▶ 개설—도형은 모든 것의 기본

피겨는 영어로 '도형(圖形)'이라는 뜻입니다.

빙상에 스케이트의 브레드(날 부분)로 트레이스(활주에 의해 생긴 빙상의 흔적)를 그리는 것이 바로 이 경기입니다.

부문별로 나누면, 싱글(1인), 페어(남녀 1조), 댄스(同) 등이 있읍니다만, 이 모두가 기초적인 부분과 응용의 부분에서 성립된 것입니다.

이 기초적인 것 중에서도 기초를 이루는 것이 싱글의 컨버서리·피겨(혹은 스쿨·피겨)입니다. 컨버서리의 것을 외국인은 줄여서 피겨라고 부르고, 응용이 되는 프리형을 프리·스케이팅이라고 하는 경우가 많읍니다. 이것은 컨버서리가 ISU(국제 스케이트 연맹)가 정한 일정의 기하학적 도형(외관상으로는 2, 3개 원형이 겹쳐진 것)을 그리는 것이기 때문입니다.

이와 같이 피겨·스케이트는 컨버서리의 도형을 그리는 것에서부터 출

●컨버서리의 여왕 베아트릭·슈바(오스트리아)의 정확한 체인지

●프리·스케이팅에서 보기 드문 착빙을 보여준 잭·에어린 (미국)

발해서, 이것에 음악이 도입되어 싱글·프리라든가 페어, 댄스에 이르기까지 독특한 아름다운 예술 경기가 된 것입니다.

그렇기 때문에 원 도형을 그리는 것은 프리형과 또 어떤 관계도 없는 것처럼 보이지만, 실제로는 커다란 연관이 있읍니다.

컨버서리 도형을 그릴 경우는 거의가 인이라든가 아웃, 어느 쪽의 에지를 사용하게 되고, 곡선(커브) 또는 그 변형을 그리게 됩니다.

이것이 프리의 활주에도 점프나 스핀의 경우에도 모두 응용되어서 활용되고 있기 때문입니다. 페어나 댄스의 경우에도 같읍니다. 규정(컨버서리)이라고 말해지는 경기를 한번이라도 본 사람은 '지겹다'라고 느낄 것입니다. 하지만 이것으로 이 종목이 얼마나 중요한가를 이해해 주길 바랍니다.

오늘날에는 경기 대회 때에 컨버서리 출제는 적어지고, 즐거운 프리에 비중을 많이 두는 식으로 변했읍니다.

하지만, 그것은 시합의 경우이고 컨버서리의 중요성이 엷어진 것을 의미하는 것이 아닙니다.

기초가 튼튼하지 않으면 응용은 물론 잘 되지 않읍니다. 이것을 먼저 염두해 두기를 바랍니다.

▶경기의 종류

ISU의 경기규칙은 '국제 피겨·스케이팅은 다음의 것에 의해 이루어진다'라고 해서 ①싱글·스케이팅, ②페어·스케이팅, ③아이스·댄싱 의 3가지를 들고 있읍니다. 각 경기 부문은, 앞에서 언급했다시피, 응용이 얼마간 다른 형식, 내용의 경기에서 성립됩니다.

이 각각의 것을 여기에서 종별로 이름을 붙이겠읍니다.

이상을 일람으로 한 것이 다음의 표입니다.

■ 경기의 종류와 내용

| 부문\종별 | 기초(규정) | 규정된 응용 | 응용(자유) |
|---|---|---|---|
| 싱 글<br>(남자, 여자) | 컴버서리<br>3 과제 | 쇼트·프로그램(SP)<br>2 분이내 | 프리<br>남4분 30초 (4분)<br>여4분 (3분 30초) |
| 페 어<br>(남녀조) | — | 쇼트·프로그램(SP)<br>2분 15초이내 | 프리<br>4분 30초 (4분) |
| 댄 스<br>(남녀조) | 컴버서리<br>3 과제 | 오리지날·셋트·패턴<br>(O.S.P) | 프리<br>4분 (3분) |

주) 시간은 활주 시간, 괄호 안은 쥬니어의 활주 시간.
싱글 컴버서리 이외의 종목은 모두 음악이 들어간다.

세계선수권과 동계올림픽에서는 3 부분이 행해집니다. 또 각부분은 표의 왼쪽에서 오른쪽으로, 컴버서리→쇼트·프로그램→프리 라고 하는 순서로 경기가 진행됩니다.

싱글은 남자 또는 여자가 혼자서 스케이팅을 하면서 연기하는 것이고, 페어와 댄스는 한 사람의 남자와 한 사람의 여자가 조를 짜서 활주하는 것입니다.

이 외에 3인 이상의 많은 사람이 함께 하는 그룹·스케이팅(그룹으로 하는 빙상 댄스도 포함)등도 있는데, ISU의 경기(시합)로서는 행해지지 않는 것입니다.

각 종별의 구체적인 설명은 각각의 부문의 얘기 가운데서 언급하도록 하겠읍니다.

▶연령 제한(年齡制限)

경기 대회에 참가하는 스케이팅에는, 연령 제한이 있읍니다. 연령에 의해서 경기대회는 '쥬니어'와 '시니어'로 크게 나눕니다.

시니어는 '쥬니어'에 비해 '어른에 해당하는 일반선수'라고 하는 정도의 의미로, 보통 국제경기대회에서는 만12세 이상, 세계선수권과 올림픽에서는 만14세 이상이 되지 않으면 안됩니다.

쥬니어는 시니어에 비해 '보다 젊은'이라고 하는 의미로, 보통의 쥬니어 국제대회, 쥬니어 세계 선수권 대회를 불문하고 만10세 이상이 되지 않으면 안됩니다.

상한(上限)은 싱글에서는 16세, 페어와 댄스는 18세입니다.

이들 연령의 기준은, 그 대회의 직전 7월 1일 입니다. 결국 7월 1일까지만 몇세가 되지 않으면 안된다고 하는 것입니다.

시니어와 쥬니어에서는 경기 시간이 다른데, 쥬니어 쪽이 조금 짧읍니다. 이것은 쥬니어의 체력과 능력을 고려하지 않으면 안되기 때문입니다. 단지 세계 쥬니어 선수권 3위 이내의 입상자로 12세에 이르러 있는 사람은, 동년 또는 다음해에 개최되는 시니어 세계 선수권에 참가할 수 있읍니다.

▶ **채점 방법(採点方法)**

채점을 맡은 심판은 5명 이상, 9명 이내이다. 필히 세계 선수권과 동계 올림픽은 9명입니다.

● 컨버서리의 채점 광경. 심판이 선수가 활주를 끝낸 흔적을 보기 위해 모여서 원의 크기, 형 등을 조사하고 있다.

싱글, 페어, 댄스의 각 종별의 만점을 6점, 채점은 0·1단위로 매깁니다. 이 가운데 싱글과 댄스의 컴버서리를 빼고 각 종목에서는, ① 내용과 ②표현이라고 하는 2개의 다른 면에서 각각 개별적으로 채점합니다. 즉, 하나의 연기를 2번 채점하는 것입니다. 이 ①의 내용과 ②의 표현은 종목에 따라 다음과 같이 불려집니다.

〈싱글의 쇼트·프로그램〉
① 엘리멘트(정식으로는 리쿼트·엘리멘트. 필요 요소의 뜻)
② 프레젠티션(연기 표현의 뜻)

〈싱글의 프리〉
① 테크니컬·메리트(기술적 가치의 뜻)
② 아티스틱·인프렉션(예술적 인상의 뜻)

〈페어의 쇼트·프로그램〉
① 엘리멘트
② 프레젠티션

〈페어의 프리〉
① 테크니컬·메리트
② 아티스틱·인프렉션

〈댄스의 오리지날·셋트·패턴〉
① 컴포지션(구성의 뜻)
② 프레젠티션

〈댄스의 프리〉
① 테크니컬·메리트
② 아티스틱·인프렉션

채점의 결과는 각 종목별로 집계됩니다. 하지만 피겨 스케이트에서는 다른 스포츠와 달리 득점의 합계로서는 순위를 정하지 않습니다. 순위를 정하기 위해서는, 득점을 환산한다고 하는 다음과 같은 복잡한 절차가 필요합니다.

▶ **순위의 결정 방법**

●컴퍼서리의 점수 게시

●프리의 점수 게시

〈프레스・넘버(석차)를 매긴다〉

각종별(예를 들면 싱글에서 컴퍼서리, 쇼트・프로그램, 프리)로 각 심판이 선수에게 매긴 합계 점수에서, 높은 것에서부터 1, 2, 3 …으로 선수에게 순위를 매깁니다. 이 순위를 프레스・넘버(석차)라고 부릅니다.

그리고, 절대 다수(과반수)의 심판에게서 1위 석차를 얻은 선수를 1위(이하 이것에 준한다)로 결정합니다. 이 프레스・넘버에 의해 순위를 결정하는 방법의 구체적인 예를 표로 나타내었읍니다.

〈순위점(順位点)을 매긴다〉

프레스・넘버에 의해서 결정된 순위에, 종목에 따라 다른 다음과 같은 숫자를 붙입니다.

이렇게 해서 나온 숫자를 '순위점'이라고 합니다. 각 종목마다 순위점을 합계해서, 합계점이 적은 사람에서부터 순위대로 그 부문(싱글・페어・댄스)의 총합 순위가 결정됩니다. 순위점을 내기 위해서 매기는 숫자는 다음과 같읍니다.

| 심 판 | a | b | c | d | e | 순 위 |
|---|---|---|---|---|---|---|
| 선수 A | 5.9 ① | 5.9 ① | 5.8 ② | 5.9 ① | 5.7 ③ | ① |
| 선수 B | 5.8 ② | 5.8 ② | 5.9 ① | 5.7 ③ | 5.8 ② | ② |
| 선수 C | 5.7 ③ | 5.7 ③ | 5.7 ③ | 5.8 ② | 5.9 ① | ③ |

■ **최종순위 규정의 예**
(싱글 스케이팅의 경우) ISU규정집에서

| 선수 | 컴퍼서리 순위 | 컴퍼서리 순위점 | 쇼트 순위 | 쇼트 순위점 | 프리 순위 | 프리 순위점 | 합계 순위점 | 최종 순위 |
|---|---|---|---|---|---|---|---|---|
| A | ② | 1.2 | ① | 0.4 | ⑤ | 5.0 | 6.0 | ❶ |
| B | ⑥ | 3.6 | ⑥ | 2.4 | ① | 1.0 | 7.0 | ❷ |
| C | ⑤ | 3.0 | ④ | 1.6 | ③ | 3.0 | 7.6 | ❸ |
| D | ③ | 1.8 | ⑧ | 3.2 | ④ | 4.0 | 9.0 | ❹ |
| E | ⑬ | 7.8 | ② | 0.8 | ② | 2.0 | 10.6 | ❺ |
| F | ④ | 2.4 | ⑤ | 2.0 | ⑦ | 7.0 | 11.4 | ❻ |
| G | ⑭ | 8.4 | ③ | 1.2 | ⑥ | 6.0 | 15.6 | ❼ |
| H | ⑧ | 4.8 | ⑦ | 2.8 | ⑨ | 9.0 | 16.6 | ❽ |
| I | ① | 0.6 | ⑩ | 4.0 | ⑫ | 12.0 | 16.6 | ❾ |
| J | ⑪ | 6.6 | ⑨ | 3.6 | ⑧ | 8.0 | 18.2 | ❿ |

주) 합계 순위점이 같은 경우 (이 표의 최종 순위 ❽과 ❾) 는 프리 순위가 높은 쪽이 윗 순위가 된다.

① 싱글
컴퍼서리 → 0·6
쇼트·프로그램 → 0·4
프리 → 1·0
② 페어
쇼트·프로그램 → 0·4
프리 → 1·0
③ 댄스
컴퍼서리 → 0·6
오리지날·셋트·패턴 → 0·4
프리 → 1·0

이와 같은 숫자는 종별 상호간의 경기 가치에 따라 표시한 것입니다. 이것에 따라 예를 들어, 프리를 잘 하는 사람은 컴퍼서리에서 조금 하위로 떨어져도 만회의 찬스를 얻을 수가 있는 것이지요.
　순위 점수에 기초를 두고 결정되는 최종 순위(종합순위)의 한 예를 보고 순위 결정법을 염두해 두도록 하십시오.

## □ 피겨의 역사

### ▶헤인즈의 공적(功績)

　앞의 '스케이트의 역사'에서도 말했다시피 오늘날의 피겨·스케이트의 생산자는 유럽에 도래했던 미국인 잭슨·헤인즈입니다.
　헤인즈가 출현한 것은 미국 대륙에서 철제 브레드의 스케이트가 팔리기 시작할 무렵의 직후로써 발레 선생님이었던 그는 자신이 스케이트 애호자였다고 말합니다.
　헤인즈가 위대했던 것은 스케이팅(달리는 것)에 음악과 리듬(댄스)이라고 하는 것을 연결시켰다는 점입니다. 이 착상의 기본이 된 것이 유명한 '윈너·왈츠'입니다.
　일설에 의하면, 헤인즈는 먼저 미국내에서 음악을 곁들인 신형 스케이팅을 확대시키고, 이것으로 스케이트 선수권에서 우승하려고 생각했읍니다만,

●근대 스케이팅의 기초를 다진 잭슨·헤인즈

사람들이 '이상한 것'이라고 여기기 때문에 결국은 신천지를 구하기 위해서 유럽으로 건너 왔다고 하는 것입니다.

그 사실 여부는 어쨌건, 유럽의 주요한 대도시에서는 댄스(사교 댄스, 특히 왈츠)와 스케이트가 둘·다 성황을 이루고 있었기 때문에, 헤인즈의 새로운 스케이팅은 굉장한 환영을 받았읍니다.

여기에 헤인즈는 잠 잘 시간도 없을 정도로 바쁜 몸이 되어, 한편, 교섭도 많이 들어 왔기 때문에, 차차 새로운 도시를 순회하며 교실과 학교를 열고 새로운 리듬, 새로운 스텝을 가미시킨 활주법을 창작한 것입니다.

현재의 경기 종목중 '규정'의 기초가 된 것은 1864년 빈·크럽에서 행해졌던 경기 대회의 종목 중에 있었던 것이라고 말해지며, 이것이 유럽 각지에 퍼져 오늘날의 도형의 기본이 형성되었읍니다.

헤인즈가 고안해 낸 피겨가 구체적으로 어떤 것이었는가 자세한 자료는 없지만, 이것이 오늘날의 싱글에 있어서 프리 종목, 페어와 댄스 종목의 기원을 이루었다는 것은 확실합니다.

그 후 경기가 올림픽에 채용되어 보급되었는데, 또다시 오늘날의 '본장' 미대륙에 진정한 의미로서 그 기호가 된 것은, 또한 피겨 역사상 잊을 수 없는 '여왕' 소냐·헤니가 프로로서, 이 땅을 방문하면서부터 였읍니다.

### ▶세계를 바꿔 놓은 천재 소녀

노르웨이 출신의 천재 소녀 소냐·헤니는 7살에 스케이트를 시작해서 10살에 국내 챔피온이 되었읍니다(1924년). 그 열정은 대단한 것이었고, 헤니의 언니는 '그런것만 하고 있으면 결국에는 목뼈가 부러져 죽고 말꺼야'라고 걱정했고, 또한 아버지는 스케이트를 중지시키려고 했을 정도였읍니다. 하지만 물론 죽을만큼은 아니었고, 경기에 나갈 때마다 연전 연승(連戰連勝)이었읍니다.

그녀의 주요한 우승 기록을 정리해서 소개하자면 ①노르웨이 선수권 1924년~29년(6회); ②구미 선수권 대회 1929년~36년(8회) ③세계 선수권 1927년~36년(10회), ④동계 올림픽 1928년~36년(3회)로 모두 다 연승들이다. 전무후무한 싱글로서 이런 기록을 남긴 선수는 없읍니다.

하지만 문제는 그 다음, 그러니까 1936년 동계 올림픽(독일의 칼미슈·펄덴길헴)에서 금메달을 따고, 그와 동시에 프로로 전향하면서 부터입니다.

헤니가 계약한 것은, 파리에 본거를 두고, 미국인 흥행사 잽·딕슨의 주선으로, 그녀는 일약 주연 스타로서 미국 순회에 참가했읍니다.

●1924년 샤모니·올림픽에 출장했던 소냐·헤니

　금 메달리스트의 수준 높은 기술에, 그리고 새하얀 백색의 서구 미인으로서 이국적인 매력, 긴 선수 생활 중에서 습득한 관중의 마음을 사로잡는 매너와 쇼맨쉽, 모든 조건을 갖추었기 때문에, 그녀의 놀랄만한 흥행도 폭발적인 인기를 불러 일으켰읍니다.
　실내 링크가 있는 곳은 모두 출연하고, 이것에 착안을 한 헐리웃이 영화를 만들자, 이것이 또한 커다란 히트가 되어 영화 진흥에도 커다란 도구가 되었읍니다.
　헤니는 스케이트의 주역뿐만이 아니라 여배우로서도 성공하고, 전기를 써서 '작가'도 되었으며, 마침내는 독립해서 자신이 '헐리웃·아이스·리뷰'를 조직해서 사장, 매니저, 프로모터, 주연을 겸하는 활약을 보였읍니다.
　22세로 데뷰해서 연장 15년간 동원되었던 관객은 2천만명, 벌었던 돈은 3천만 달러에 달한다고 합니다.
　헤니의 인기와 쇼의 성공은 미국에 새로운 시대를 열게 했읍니다.

● 소냐·헤니는 아이스·쇼, 영화에 출연해서 아이스·스케이트를 대중적 레크레이션으로서 세계 중에 확대시켰다.

　아이스·쇼를 만드는 조직이 연이어서 결성되고, 사람들에게 꿈의 세계를 펼치게 함과 동시에 뛰어난 스케이터에게 시장을 제공했읍니다.
　헤니 이후, 세계 선수권과 올림픽의 메달리스트가 프로로 몸을 던지는 것은 일상적인 일이 되었는데, 이것은 필연적으로 스케이터의 희망을 나타낸 것이며, 한편으로는 스케이터의 증가가 인공 링크의 증설(세계에서 최초로 인공 실내 링크가 탄생된 것은 1850년, 카나다의 토론트라고 말해진다)을 가져오게 했읍니다.

▶ **구미(欧美)의 대립시대**
　이와 같은 시대의 흐름에서도 알다시피 훌륭한 스케이터는 최초, 구주 각지역에서부터 배출되었는데, 제 2 차 세계대전을 전후로 그 세력은 미대륙(미국, 카나다)으로 옮겨 갔읍니다.
　양국은, 전쟁의 피해를 받지 않았던 점과 경제력이 있던 점을 맞추어, 현재도 강대국이지요.
　한 편 전후의 유럽 각지에서는 동유럽 세력이 눈에 띄게 발전했읍니다.
　소련은 1965년 이래 '85년까지 21년 사이의 18회나 페어에서 세계의 타이틀을 독점하고, 아이스·댄스에서도 70년부터 세계 선수권 대회에서 10연승을 했읍니다.
　이런 사이에 페어의 이리나·로드리나가 파트너가 바꾸면서 '69년부터

10연승, 이 종목의 기술의 레벨업으로 대단한 공헌을 세운 점과, 댄스의 파워 보어/골슈코프 조가 세련된 우아함으로 5연승, 이 경기에 신경지가 열리고 있는 것은 특별할만 합니다.

그 외에 영국, 프랑스, 서독, 오스트리아, 헝가리, 체코슬로바키아 등이 구주에서 강국입니다.

영국은 댄스에 전통을 가지고, '81년부터 세계 선수권에 4연승을 한 토빌/딘 조는 '84년 사라예보 오륜에서 격정적이라고도 할 수 있는 연기로 센세이션을 불러 일으켰읍니다.

기술 면에서도 전후의 진보는 눈부실 정도입니다. 3회전 점프를 처음 시도한 것은 미국의 리챠드·밴텀으로서 1950년대 초반이었는데, '70년대 후반이 되자 여자도 3회전 점프를 하는 것이 당연한 것처럼 되었읍니다.

'70년대 말 경부터는 3회전 반(트리플·액셀)에 도전하는 남자가 나타나게 되고, 지금은 4회전이 시합에서 사용되는 것도 얼마전의 얘기가 되고 말았읍니다.

이런 동안 점프 등 기술상의 어려움 보다는 표현을 중시해서 '빙상의 발레'를 연기해서 세계 챔피온이 (1976년)된 존·칼리(영국) 등의 예술파도 생겨나게 되었읍니다.

하지만 세상의 대세는 보다 고도한 기술의 추구가 주류를 이루고 있읍니다.

그 중에서도 '80년 동계 올림픽의 금메달 리스트인 로빈·커슨즈(영국)는 180cm의 신장을 살려서 다이나믹한 연기와 스피드에다 우아함을 겸

● 교묘한 기술과 창의적 노력의 천재였던 노르웨이의 액셀·바울젠. 유럽및 미국의 스케이트열을 높이는데 다대한 공헌을 했다. 액셀·점프는 그의 이름에서 따온 것이다.

들인 새로운 면을 개척해 박수를 받고 또, 스콧·해밀턴(미국)은 어릴 때 발육 정지가 된 어려움을 극복, 작은 체구로 '81년부터 4년 연속 세계의 왕좌에 군림, '스케이트의 왕국' 미국의 전통을 지켰읍니다.

●13세로 세계 제4위에 랭크되고, 오랜 기간 세계 타이틀을 가지고 있었던 캐롤·헤이스(미국)

●1966~68년 여자 세계 챔피온. 1968년 구르노블 올림픽 우승의 페기·프레밍(미국)

●1948년~52년 세계 챔피온. 48년, 52년의 동계 올림픽 우승의 리차드·밴텀(미국). 빙상에서 달리고 있는 시간보다도 공중에 있는 시간이 길다고 할 정도로 호쾌한 점프를 보여 주었다. 3회전 점프를 경기 대회에서 처음으로 성공시켰다.

● 1964년, 68년 동계 올림픽 우승. 1965~68년 페어 세계 챔피온이 되었던 류도미러·베르소/오레그·프로포프 부인(소련). 다른 예가 없는 예술적인 스케이팅을 했다.

● 스케이트 역사상 처음으로 전 심판에게서 만점을 획득했던 진·토빌/크리스트퍼·딘(영국)조

● 금세기 초반의 경기 대회에서 압도적인 힘을 발휘한 스웨덴의 위대한 스케이터, 울리히·쌜코. 유럽 선수권에 9회, 세계 선수권에 10회 우승하고, 남자로서 역대의 최대 기록을 세웠다. 쌜코·점프는 그의 이름에서 딴 것.

● 이리나·로드리나와 알렉세이·우리노프(소련)의 페어 스케이팅

1953년 세계 남녀 챔피언이 된 아메리카의 헤인즈·잰킨스와 텐레이·오르브라이트

● 1981년~84년 세계선수권. 1984년 사라예보 올림픽에서 우승했던 스콧·해밀턴(미국)

# □피겨 스케이팅의 길

### ▶노력을 이기는 천재는 없다

　어떤 스포츠라도, 자기 스스로 해 보지 않고 다른 사람의 억지에 의해 하게 되면, 즐거운 것은 하나도 없읍니다.
　아름다운 음악에 맞춰 넓은 링크를 마음 먹은 대로 활주하는 - 피겨·스케이팅은 화려한 꿈과 같은 세계입니다만, 실제로는 이것만큼 지켜우면서 괴로운 연습을 필요로 하는 스포츠는 없읍니다.
　하지만, '노력을 이기는 천재는 없다' 라는 말을 생각하십시오.
　발명의 왕이라고 하는 에디슨도, '천재는 99퍼센트의 땀과 1퍼센트의 영감으로 이루어진다'라고 피력하고 있지 않읍니까.
　그래서 그것이 열매를 맺을 무렵, 내 경험으로도 피겨는 '재능은 노력이 커버할 수 있다'고 하는 것을 항상 잊지 말고, 일보일보 노력해 가는 사람이어야 하는 것입니다.
　①체력, ②운동 능력, ③기술, ④이해력, ⑤기력이 막강함 이라고 하는 것은, 어느 스포츠에도 이러한 것은 공통적인 조건입니다. 덧붙여서, 피겨의 경우에는, 연기의 형태가 발레, 댄스 등과 비슷한 것, 음악을 사용하는 것 등의 특수 조건에 곁들여지기 때문에 이 두가지 요소의 습득이 빠지면 안됩니다.
　결국, 피겨 스케이트는 '운동'과 '예술'의 이면성을 가진 경기입니다.
　이 때문에 다른 스포츠보다 시간도 충분히 필요하고, 또한 노력이 없이는 대성할 수 없는 스포츠라고 말할 수 있죠.
　이상과 같은 것을 염두에 두고 조금 구체적으로 얘기를 해 보겠읍니다.

### ▶마음먹은 날이 바로 길일

　일류 선수의 대부분은 4~5세부터, 적어도 국민학교 저학년 때부터 이 길에 들어서고 있읍니다.
　거기에는 얼마간의 이유가 있읍니다. 어린 때는 인내심도 많고, 몸무게도 가벼우며 더군다나 가르치는 사람에 대해서 솔찍합니다. 또한 지방이 붙어서 몸이 무거워지면 관절도 딱딱해지기 때문에 자유롭지 못합니다.
　특히 여자의 경우가 그러한데, 이것은 소련과 동구에 여자 체조 선수가 모

●여자로서 처음으로 트리플·룻츠를 성공시키고, 아크로버틱한 스핑으로 세계를 바뀌게 해서 세계선수권에서 우승한 데니스·빌만 (스위스)

두 '조기교육'을 받아 미들·틴(15~16세) 가량에 올림픽에 나와 좋은 성적을 거두고 있는 사실을 보아도 알 수 있읍니다.

하지만, 70세를 넘어서도 테니스를 즐기는 사람이 있는 것과 마찬가지로, 피겨의 경우도 또한 어릴 때부터 시작하지 않으면 절대로 안된다고 하는 것은 아닙니다.

올림픽의 금메달을 겨냥한다 라고 하는 사람이라면 모르지만, 스케이트는 폭 넓게 즐기는 스포츠입니다.

트레이닝 방법에 따라서 유연성을 높일 수가 있고, 체력도 유지·향상시킬 수 있읍니다.

페어나 댄스라면, 어느 정도 나이를 넘더라도, 혹은 '어른'이 되어서 입문하더라도 절망적인 것은 아니기 때문에 안심하십시오. 마음 먹는 날이 바로 길일입니다. 빨리 시작하도록 하십시오.

▶ 크럽과 코치

피겨·스케이트를 배울 때에는 크럽에 들어가서 선생(인스트랙터·코치도 포함)을 만들 필요가 있읍니다.

현재, 전국의 실내 링크의 대부분은 크럽이 있읍니다. 완전한 크럽 조직

●코치의 지도를 받는 선수

이 아니더라도 선생이 있어서 지도를 해 준다면 괜찮습니다.
  만약, 그 링크에 부속해 있는 선생이 없다면, 각 도의 스케이트 연맹, 협회에 의뢰를 하면 가르쳐 줄 선생을 소개해 줄 것입니다.
  그 가운데는 이렇다할 선생이 없어서 선생이 사는 가까운 링크로 옮긴다든지, 연습을 위해 상경하는 열성적인 사람도 있읍니다. 또, 반대로 선생이 출장을 나갈 수도 있읍니다.
  피겨·스케이트를 연습하는 경우 왜 선생이 필요한 것인가, 또 선생과 빈번한 접촉을 가질 필요가 있는가 라고 말한다면, 피겨는 기록과 타임으로 순 객관적 순위, 성적을 결정하는 경기가 아니기 때문입니다.
  심판(넓은 의미의 관객)의 판단을 존중하는 경기입니다. 자신의 모습은 자신이 볼 수 없을 뿐더라, 예를 들어, 거울로 보아도 자기가 좋은 것이라고 생각하더라도 타인이 그렇게 판단해 준다는 것은 판단하기 어렵기 때문이죠.
  가장 중요한 것은, 가르치는 사람과 가르침을 받는 사람과의 인간적 교류, 신뢰관계가 생기는 것에 따라 진보를 빠르게 하고 인간형성의 프러스도 되는 것입니다.
  가르침을 받는 사람의 입장에서는 가르쳐 준 것만 익힌다는 '수동적입장'이 되어서는 안됩니다. 하나를 가르쳐 주면 2개, 3개를 응용할 수 있고, 이해할 수 있어야 합니다.

▶테스트를 받는다

연습을 반복하고 진보함에 따라 테스트를 받고 자신의 힘을 확인합니다. 테스트는 한국 스케이트 연맹의 규정에 상세히 쓰여져 있으며, 수속 방법도 내용도 알 수 있읍니다.

테스트는 규정에서 싱글은 초급, 1, 2 …… 8급까지, 그리고 3급부터 프리·스케이팅도 테스트 종목에 첨가되어 있읍니다.

댄스는 프레·리미널에서 골드까지 나누어져 있읍니다. 전국 선수권 대회에서는 싱글에서는 7급 이상 사람만 출장할 수 있는데, 지방대회 등은 테스트의 급이 낮은 사람도 참가할 수 있읍니다.

▶ 트레이닝의 필요성

피겨는 꽤 체력을 필요로 하는 경기이기 때문에, 말하자면 트레이닝도 게을리할 수 없읍니다.

하지만 일상적인 트네이닝은 근력이 붙기 시작하는 중학생 이상의 단계에서 충분할 것입니다. 이 트레이닝도 체력의 개인차가 있기 때문에, 될 수 있으면 선생과 체육 전문가들의 '처방'에 따라 하기를 바랍니다.

단지 덧붙여서 말하자면 ① 유연성을 기른다. ② 각부문의 근육을 강화시킨다, ③ 심장기능을 높인다, ④ 반사신경과 순발력을 예민하게 한다 등의 것이 필요하기 때문에, 먼저 달리는 것을 기본으로 하고 각종 체조, 줄 넘기, 트램펄린, 매트 운동 등도 폭 넓게 하는 것이 좋다고 생각합니다.

또 위험이 없을 정도로 스키, 농구, 축구, 배드민턴 등, 다른 스포츠를 같이 즐긴다면 커다란 효과를 나타내 보일 것입니다.

이러한 트레이닝을, 말하자면, 원칙적으로는 여름휴가 등은 넣지 않고 계속적으로 하는 것이 중요합니다.

빙상에서의 연습이 링크의 영업 시간을 피해 아침 일찍이나 저녁 늦게 행하는 것이 대부분이기 때문에, 나머지 시간은 트레이닝을 하지 않으면 소용이 없는 일이 되죠.

반대로 말하자면, 그것만이 자신의 의지의 강함을 요구하는 것이 됩니다. 톱급의 스케이터는 모두 이러한 어려움을 극복한 사람이지요.

▶ 음악과 무용감각

발레나 음악에서부터 영양을 흡수하는 것도 피겨에 뜻을 세운 사람에게 있어서는 중요한 것입니다.

취미로서 악기를 다룬다든지, 레코드를 듣는다든지, 노래를 부른다든지, 무용을 한다든지 하는 사람에 대해서는 또다시 강조해야만 하는 문제는 아닙니다.

하지만 이러한 것이 그다지 탐탁치 않은 사람은 노력을 해서 그것들과 접하고 좋아하도록 바랍니다.

활발한 리듬을 귀에 익히면 자연스럽게 손·발이 박자를 맞추게 되고, 슬픈 멜로디를 들으면 눈물이 나오는 '감정'은 나중에 그 사람의 연기에 반드시 영향을 줄 것입니다.

동시에 음과 색, 형 등의 아름다운 것과 그렇지 않은 것을 식별하는 눈을 기르는 것도 중요한 일입니다.

발레와 모던댄스를 습득하는 것은 스케이터에 있어서 절대적 조건이라고는 말할 수 없지만, 배우는 것을 권하고 싶습니다. 하지만 이것도 센스의 문제이며, 꼭히 배우지 않더라도 여러 가지를 보고 응용을 하면 영향이 되는 경우도 충분히 있읍니다.

이 외에 체조의 마루운동, 신체조등 피겨와 공통성이 있는 경기를 본다든지, 다른 사람의 시합과 연습을 관찰하는 것도 진보를 빠르게 하는데 커다란 역할을 합니다.

〈세계 선수권에서의 연승 ②〉

페어와 아이스 댄스에서는 같은 파트너 관계를 유지하면서 연습을 계속해 가는 것이 어려운 탓은 있으나, 싱글에서의 경우와 같이 크게 차이가 지는 레코드는 없읍니다.

페어의 경우는 이리나·로드리나(소련)가 파트너를 바꾸어 10 연승을 하고 있는 것이 변칙적인 기록입니다.

로드리나는 최초 알렉세이·우리노프와 조를 짜고 1969년부터 72년까지 4 연승을 했읍니다. 하지만, 우리노프가 다른 여자 선수와 결혼을 해 버렸기 때문에, 73년부터는 알렉산드·쟈이츠뜨라고 하는 연하의 파트너를 얻어서 78년까지 또다시 6 연승을 했읍니다. 그 후 출산 때문에 1 년 쉬었읍니다만, 80년 올림픽에 컴백해서 금메달을 땄기 때문에 모두가 놀랐읍니다.

아이스·댄스에는 류드미라·파워모어/ 알렉산드·고르슈코프(소련)가 1970년부터 5 연승한 것이 톱입니다.

무엇보다 아무리 보아도 왜 못 하는지, 어느 부분이 잘하는 것인지를 이해할 수 없으면 시간 낭비가 되는 것이죠.

요는 얼음 위, 링크의 세계만이 아니라 눈을 넓혀 바깥을 향해 무엇이라도 보고, 또 해보는 자세가 중요하다고 하겠읍니다.

# 3 싱글·스케이팅

## SINGLE SKATING

# □ 컨버서리·피겨의 개념

컨버서리(스쿨)피겨 라고 하는 것은 ISU(국제 스케이트 연맹)가 제정한 17종, 82도형을 말합니다. 외관상으로는 같은 모양의 도형이더라도, 전진, 후진, 스타트 발의 좌우, 사용한 에지별도 계산하기 때문에 이렇게 많은 수치가 나오는 것입니다.

각 도형에는 그 번호가 붙여져 있고 또, 그 어려움의 정도에 따라 난이계수가 붙어 있읍니다.

17종을 기본도형 등으로 부르는데, 이것을 또다시 좁혀 가면, 다음의 7종류의 커브(그림 참조)가 됩니다.

〈그림 1〉 컨버서리 - 기본 7종의 커브

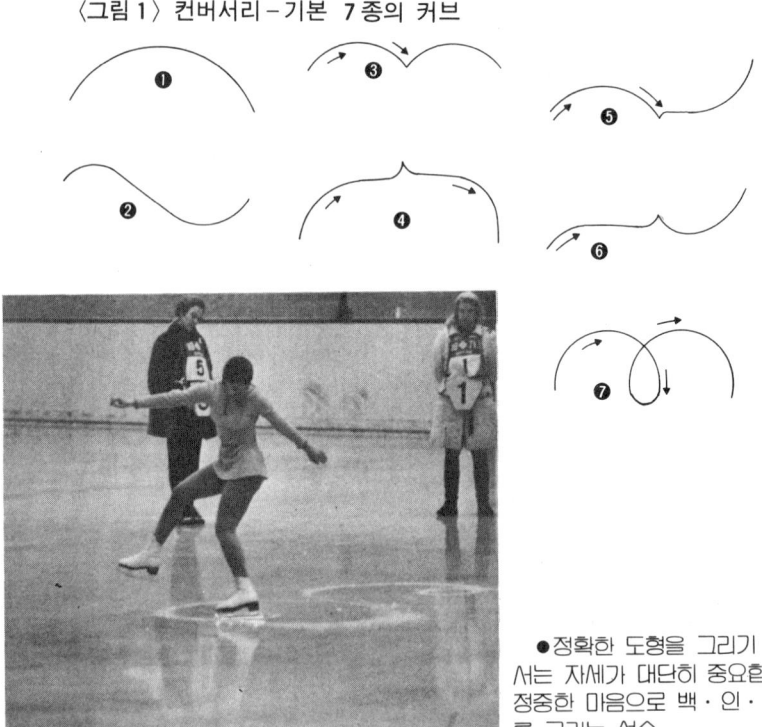

● 정확한 도형을 그리기 위해서는 자세가 대단히 중요합니다. 정중한 마음으로 백·인·루프를 그리는 선수

즉 ①서클(커브), ②체인지, ③쓰리, ④브래킷, ⑤로커, ⑥카운터, ⑦루프.

그림을 보면 알 수 있듯이, 이 7종류 가운데 커브(곡선)만으로 이루어지고 있는 것이 ①②⑦로, 나머지는 커브와 턴(방향 전환)으로 성립된 것입니다.

결국 복잡한 듯이 보이는 각 도형도 분해해 가면 '커브'나 '커브와 턴', 그 응용에서 생겨난 것이라는 것을 알 수 있읍니다.

하지만 턴은 커브가 있고 나서 생겨나는 것이기 때문에, 초보자는 연습의 단계를 쌓아갈 때, 먼저 커브를 잘 하고 난 뒤 턴으로 들어가야 할 것입니다.

또 하나 7종의 도형을 잘 보아 주십시오. 커브만으로 꺼내 본다면 호의 크기는 달라도 역시 곡선은 곡선입니다.

단지 같은 커브라도 전진의 바깥 곡선(포 아웃 커브), 전진의 안쪽 곡선(인 커브), 후진의 바깥 곡선, 안쪽 곡선의 4종류가 있는 것을 알 수 있으시겠지요.

커브 연습이라고 하는 것은, 실은 4종류의 커브를 연습하는 것입니다. 그래서 이것이 만족할 정도가 되면, 그 다음은 응용문제만 남았다고 해도 과언이 아닙니다.

여기서 차츰차츰 주요 도형의 연습으로 옮겨가는데, 그 전에 도형을 그리는데 있어서 요점, 주의사항을 말해 두겠읍니다.

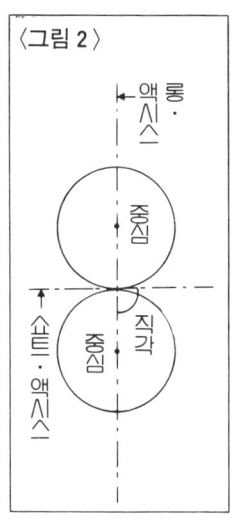

〈그림 2〉

● 활주하기 전에 롱·액시스를 심판원에게 보이는 도로시·해밀. 채점하기 위해 빙상에 서있는 심판원과 충돌하지 않기 위해 롱·액시스를 반드시 보이지 않으면 안된다.

가장 중요한 것은 정해지지도 않은 에지를 사용하는 것인데,이하도 모두의 경우에 공통되는 것이기 때문에 잊지 말도록 하십시오
① 정지 상태에서 활주를 시작한다.
② 패러그랩 도형은 좌우 각 발로 2회씩, 다른 도형은 좌우 각 발로 3회씩 활주하지 않으면 안된다. 따라서 평소때부터 좌우 양발 연습을 하는 것이 중요하다.
③ 반복된 도형의 크기가 거의 같지 않으면 안된다. 하지만, 최소의 트레이스가 실패하면 다음 트레이스에서 수정하면 된다. 맨처음에 결점이 있는 트레이스에 단지 정확한 다음의 트레이스를 행하는 것은 좋지 않다.
④ 각 원(도형은 2개 혹은 3개의 원에서 성립)은 같은 크기로 할 것.
⑤ 각 원은 중심을 통해 연결되는 롱・액시스(상정선)에 나란히 할 것 (그림 2 참조).
⑥ 각 원의 크기는 신장의 약 3배일 것(단 루프는 신장 크기).
이상은 '이상'에 가까운 것입니다만,컨버서리의 진수는 인간이 이 '이상'에 가까이 가는 노력에 있는 것이라고 말할 수 있읍니다.
이 외에 활주의 스피드 폼 등도 채점의 대상이 됩니다.
역시 이것에서부터 먼저 도형 활주의 설명에 사용되는 용어는, 약호로 대용하는 경우가 있기 때문에,주요한 것을 여기에 모아서 써 두었읍니다.
R = 우, L = 좌
f = 포(포워드)
b = 백(백워드)
O = 아웃(아웃사이드)
i = 인(인사이드)

## □ 기본연습(基本練習)

▶ 바른 자세
자, 이제부터 연습입니다. 지금부터는 사진을 보면서 설명의 요점을

머리에 넣도록 하십시오. 제 1 보는 바른 자세부터입니다(사진 ① ② 참조).
① 머리를 똑바로 들고, 즐겁고 자연스러움을 유지하지 않으면 안된다.
② 상체를 곧바로 펴고, 등을 펴서, 딱딱해진다든지, 허리가 굽혀지지 않도록 한다.
③ 팔을 우아하게 벌리지 않으면 안된다.
④ 손은 허리선보다 조금 낮게, 손 바닥은 빙면에 평행으로, 즐겁고 자연스러운 느낌을 지니지 않으면 안된다.
⑤ 손가락은 힘을 주어 뻗는다든지, 굽힌다든지 해서는 안됩니다.
'자세 같은 것 대충하자'라고 가벼이 보아서는 절대 안됩니다. 자세는 실제 활주에 커다란 영향을 주고, 그 때문에 스타트에서부터 종료까지의 자세는 경기에서 채점의 첫째 요소라고 하는 것입니다.
지금부터 활주에 들어가면 에지에 대한 언급이 몇번이고 나옵니다. 중요한 것이니까, 여기에 나열한 사진을 참고로 또 한 번 인식해 두십시오.
몸의 바깥쪽(오른쪽이라면 오른손 쪽)의 에지를 아웃사이드 · 에지 라고 말합니다.
반대로 몸의 안쪽의 에지를 인사이드 · 에지라고 부릅니다.

❶　❷　❸

■에지의 사용법과 명칭

① 아웃사이드·에지로 활주하고 있다.

② 아웃사이드·인사이드 양 쪽의 에지가 빙면에 접하고 있다 (이것을 플랫＝평면의 상태라고 한다).

③ 인사이드·에지로 달리고 있다. 전진하는 경우는 포워드·아웃사이드·에지(F·O), 혹은 포워드·인사이드·에지(F·I).

후진하는 경우는 백워드·아웃사이드·에지(B·O), 혹은 백워드·인사이드·에지(B·I).

① 양발 모두 인사이드·에지로 빙면에 서 있다.

② 양발 모두 아웃사이드·에지가 빙면에 접해 있다.

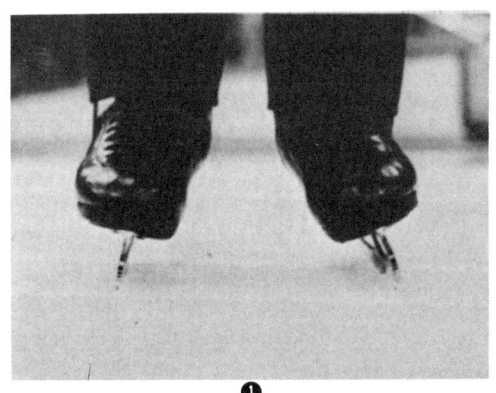

❶

❷

▶스트로킹

　스트로킹이란 수영과 보트의 경우 팔이 한번 움직이는 것. 스케이트에서는 발을 한번 차는 것에 해당합니다. 따라서 스트로킹은 발을 서로 바꾸면서 활주하는 연속 운동을 의미합니다. 말하자면 기본 활주의 하나입니다.
　사진은 전진과 후진의 예입니다.

❶

❷

■앞으로 직진하는 스트로킹
① 양발에 체중을 두고 등을 똑바로 편 채 선다.

②무릎을 굽혀 오른발로 얼음을 밀기 시작한다.

③체중이 완전히 왼쪽 다리로 옮겨지고, 오른발이 얼음에서 떨어지는 순간 프리·레그( 활주하고 있지 않는 다리)가 뒤에 남기 때문에, 밸런스를 잡기 위해 자연히 상체가 앞으로 굽혀진다.

④굽혀진 스케이팅·레그가 천천히 펴져감에 따라 프리·레그가 스케이팅·레그에 가까워져 간다.

⑤ 프리·레그와 스케이팅·레그가 함께 되고, 또 양 무릎이 굽혀진다. 이 때는 아직 체중이 왼 다리에 있다. 따라서 오른발은 아직 얼음에서 떨어지지 않는다.

⑥ 여기에서 얼음을 밀고 체중을 이동하기 시작한다. 그래서 ③과 다리가 바뀌어 같은 동작이 반복된다.

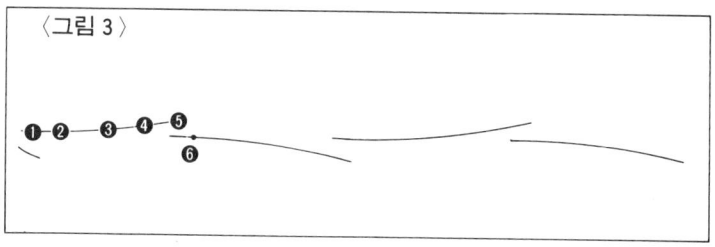
〈그림 3〉

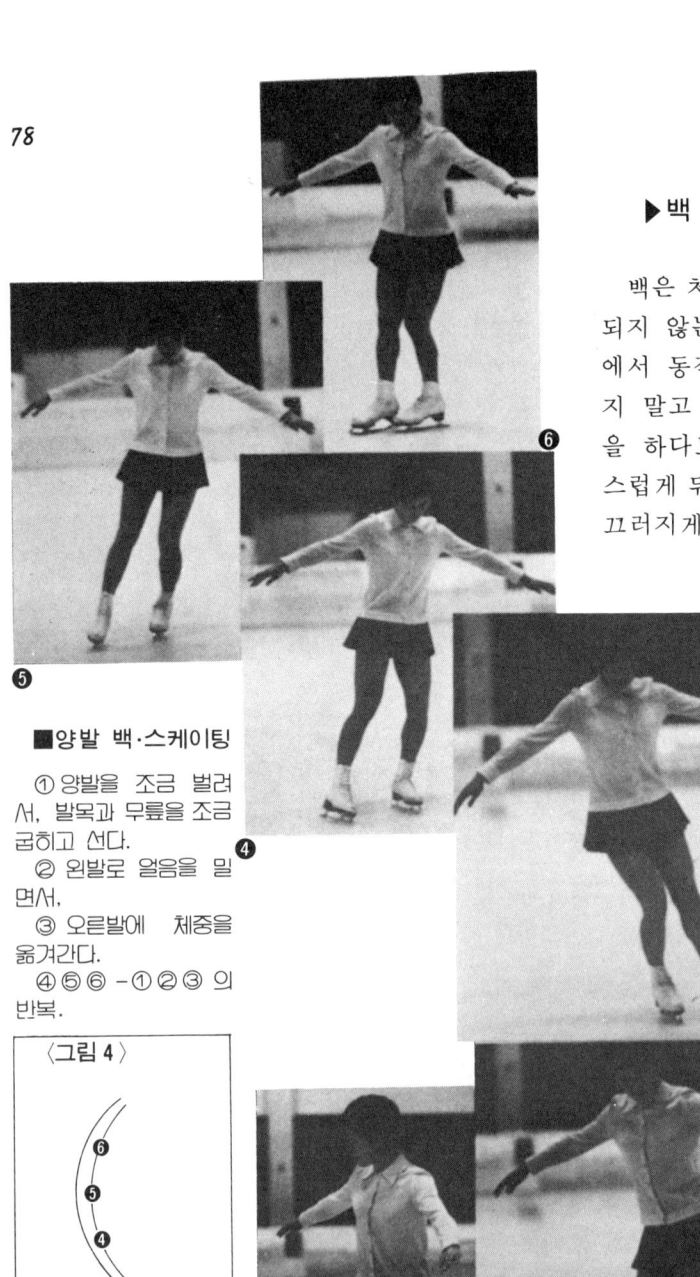

▶백・스케이팅
(양발)

백은 처음에는 잘 되지 않는데, 도중에서 동작을 멈추지 말고 반복 연습을 하다보면, 자연스럽게 뒤쪽으로 미끄러지게 됩니다.

■양발 백・스케이팅

① 양발을 조금 벌려서, 발목과 무릎을 조금 굽히고 선다.
② 왼발로 얼음을 밀면서,
③ 오른발에 체중을 옮겨간다.
④⑤⑥-①②③ 의 반복.

〈그림 4〉

79

▶백·스케이팅(한발)

양발로 잘 미끄러지게 되고, 체중의 이동에도 익숙해지면, 같은 것을 한쪽 발로 해 봅니다.

■한발 백·스케이팅

① 조금 무릎을 굽혀서 왼발에 체중을 둔다.
②③ 양발 활주와 같은 요령으로 달리기 시작한다.
④ 체중을 완전히 오른발에 두고, 왼발을 가볍게 얼음에서 뗀다.
⑤ 얼음에서 떨어져 있는 왼발(프리·풋)이 활주하고 있는 오른발(스케이팅·풋)에 가까이 간다.
⑥ - ① 의 자세가 된다.
⑦ - ③ 의 자세가 된다.
⑧ - ④ 의 자세가 된다.

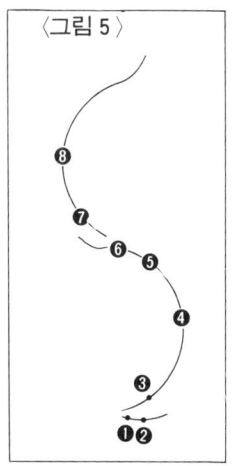

〈그림 5〉

▶ 포워드 · 아웃사이드 · 세미 · 서클

포워드(전진)와 백워드(후진)의 한발 활주를 몸에 익히면, 다음에는 피겨 · 스케이트의 기본이 되는 컨버서리의 제 1 과 서클 8에 들어가게 됩니다.

하지만 초보자에게 있어서 한발로 하나의 원을 그리는 것은 지극히 어려운 기술입니다. 여기에서 맨처음에는 원을 반만 그리는 연습을 하십시오. 반원 즉, 세미 · 서클입니다 (그림 6).

여기서, 먼저는 컨버서리의 영역으로 들어가기 때문에 '컨버서리의 개념' 에서 설명했던 주의 사항을 생각해 내서 잘 지키도록 신경을 써 주십시오.

롱 · 액시스, 쇼트 · 액시스의 얘기는 이미 말했읍니다만, 도형 활주의 스타트점은 이 두개의 상정선이 직각으로 교차되는 곳입니다.

곡선을 그리면서 활주할 때는 구부려 가려고 하는 쪽에 에지를 눕히면 좋다고 '스케이팅의 기본'에서 해설했읍니다. 그 부분을 다시 한번 읽고 요점을 확인해 두십시오. 그 위에 또 한가지 주의가 있읍니다.

그것은 세미 · 서클을 연습할 때 발을 바꾸는 방향입니다.

처음에는, 바꾸면서 다음 발을 낼 때, 그 발이 아무래도 기울어지는 방향으로 나아가 버릴 것입니다. 그렇다면 조금 찌그러진 호선을 그릴 수밖에 없읍니다. 롱 · 액시스에 대해 직각, 그러니까 쇼트 · 액시스의 방향에 첫 걸음이 나가도록 활주하지 않으면 안됩니다(그림 7).

이것은 즉 세미 · 서클에 공통된 주의이니까, 절대로 잊어버리지 않도록 주의하십시오.

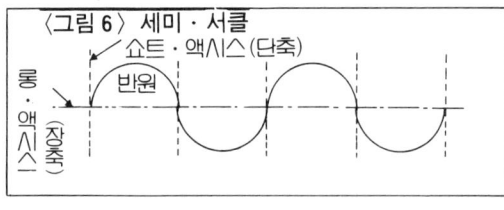

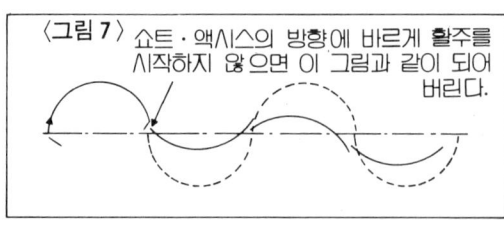

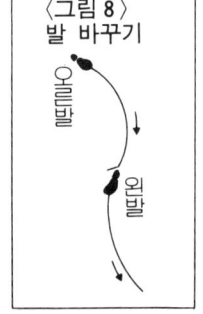

발 바꿀 때는 무릎을 충분히 굽혀, 오른발 스케이트의 앞끝에 가까운 인사이드·에지로 얼음을 뒤로 밀기 시작함과 동시에, 왼발에 체중을 두어서 달리기 시작합니다.

무릎을 굽힘에 따라 모든 체중이 몸의 앞쪽으로 쏠리기 때문에, 오른발에서부터 왼발로 체중 이동이 스무스하게 행해집니다.

■포워드·아웃사이드·세미·서클
① 오른발로 스타트 한다. 오른팔, 오른발을 앞으로, 왼팔, 왼발을 뒤로 하고 선다. 그 때, 발의 위치를 구체적으로 표시하면 〈그림10〉과 같다.
② ① 의 자세의 채로 가볍게 무릎을 굽힌다.
③ 왼발로 얼음을 밀고, 오른발에 체중을 걸고 활주를 시작한다.
④ ③ 의 자세로 가볍게 스케이팅·레그의 무릎을 펴고, 프리·레그가 스케이팅·레그 옆으로 오도록 한다.
⑤ 프리·레그가 앞으로 나온다.
⑥ 그다음에 왼팔을 앞에, 오른팔을 뒤로 돌린다.
⑦ 돌려찰 때에 앞에 나올 프리·레그가 스케이팅·레그의 옆에 붙는다.

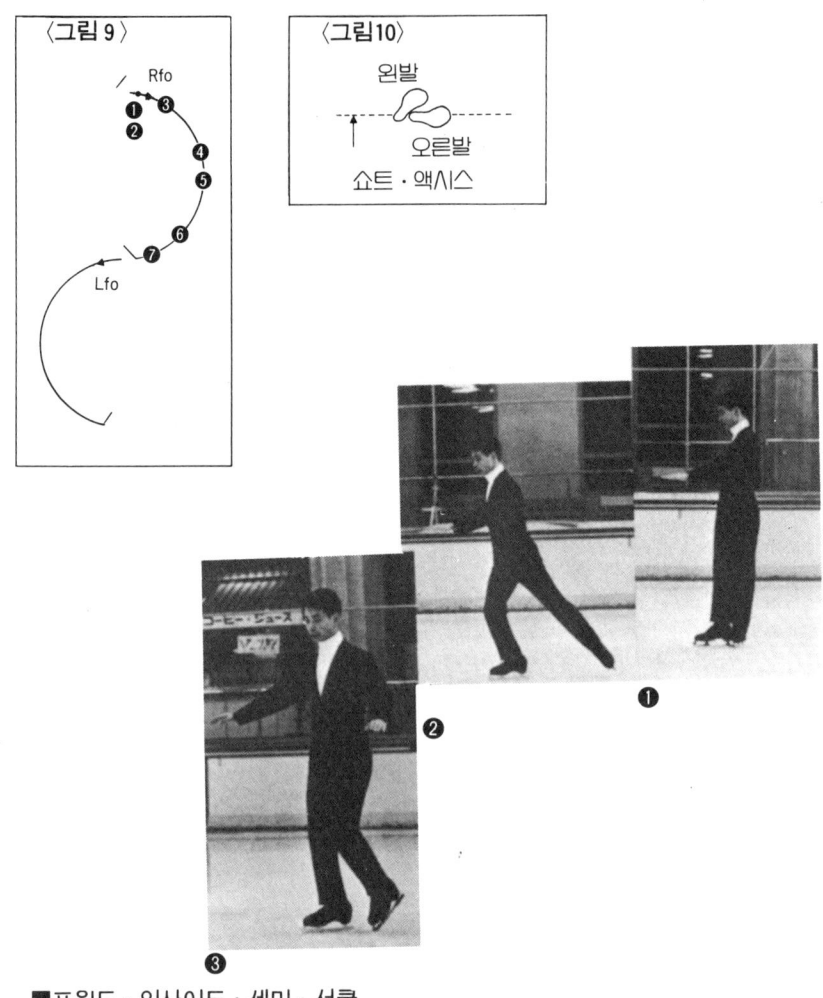

■포워드·인사이드·세미·서클

① 포·아웃의 스타트에 비해서 팔의 위치는 반대(왼팔이 앞에, 오른팔이 뒤에).

② 가볍게 무릎을 굽히면서 얼음을 누른다. 상체는 아직은 앞을 보고 오른쪽 어깨, 오른쪽 팔은 아직 원래의 위치에 머무르게 한다.

③ 스케이팅·레그의 무릎을 뻗으면서, 프리·레그를 스케이팅·레그에 가깝게 가도록 한다. 팔은 아직 ②의 위치대로 둔다.

④ 팔, 어깨가 돌아가고 오른팔이 앞쪽, 왼팔이 뒤쪽이 된다.

⑤ 프리·레그를 바꿀 준비를 한다.

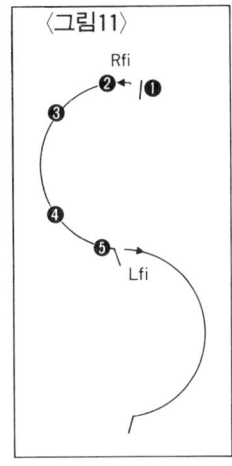

▶포워드 · 인사이드 · 세미 · 서클

앞에서 사용한 에지의 반대쪽 안부분으로, 따라서 휘어지는 방향도 반대가 되는 것으로, 요점은 거의 같습니다.

사진은 어느정도 오른발로 미끄러지는 예입니다.

84

❸  ❷  ❶

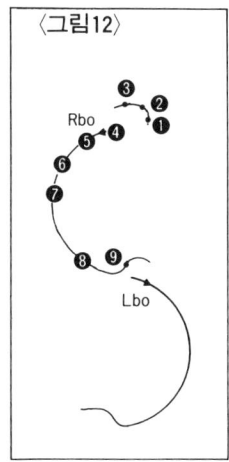

❾

▶백・아웃사이드・세미・서클

백・스케이팅의 골자도 전진을 할 때와 같읍니다. 익숙하지 않은 동안은 양발로 완행을 반복하고, 조금 익숙해지면 한 발을 빙면에서 띄우면서 미끄러지도록 하십시오.

이하의 사진도 오른발로 미끄러지는 예입니다.

■백・아웃사이드・세미・서클

① 스타트 자세. 양발에 체중을 두고 롱・액시스로 향해서 선다.
② 왼 발에 체중을 두고, 상반신을 왼쪽으로 틀어서,
③ 왼 발로 얼음을 미는 것과 동시에, 상반신을 오른쪽으로 비틀면서 오른손을 뒤로 빼다.
④ 오른발을 얼음 위에 놓는다.
⑤ 체중을 완전히 오른발에 걸고, 얼음을 밀었던 왼발은 가볍게 굽혀서, 트레이스의 위에 위치하고, 발 끝을 조금 바깥쪽으로,
⑥ 머리를 왼쪽으로 돌리다.
⑦ 프리・레그를 뒤로 빼서,
⑧ 팔을 돌려서 왼팔을 뒤로, 오른팔은 앞으로,
⑨ 프리・레그를 빼서 바꿔차기의 준비에 들어간다.

❺   ❻   ❼

▶백·인사이드·세미·서클

네가지의 커브 중에서는 가장 어려운 것입니다. 미끄러지면서 차는 것이 어렵기 때문이죠.

■백·인사이드·세미·서클

① → ③ 이것은 백·아웃과 같은 출발 자세를 취하면 된다.

④ 오른발을 얼음에 둔다.

⑤ 체중이 완전히 오른발에 걸리고, 얼음을 밀었던 왼발(프리·레그)은 가볍게 뻗어서 트레이스의 위에 위치하고, 발 앞끝은 아래쪽으로 향하게 한다.

⑥ 얼굴은 원의 안쪽에서부터 진행 방향을 보고, 프리·레그를 뒤쪽으로 뺀다.

⑦ ⑥의 자세에서, 몸을 반대로 비틀어서 바꿔 찬다.

❹

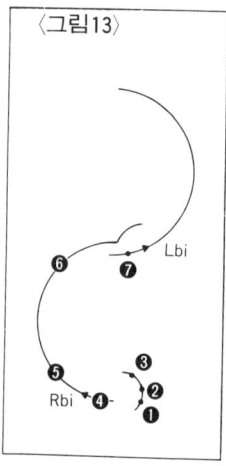

〈그림13〉

❸   ❷   ❶

▶쓰리·턴

쓰리·턴은 동일 곡선 위에서 전진에서 후진, 또는 후진에서 전진에의 양발로 방향 전환(턴)하는 방법의 하나로, 그 트레이스가 아라비아 숫자 3과 비슷하다는 것에 연관지어져서 이름이 붙여졌습니다.

이런 종류의 턴을 하는 것을 흔히 '3을 쓴다' 등으로 표현합니다.

쓰리·턴에는, 턴의 앞과 뒤로 미끄러지는 발의 에지가 반대가 됩니다.

예를 들면, 포워드·아웃사이드(F·O)로 미끄러져 나가면, 턴을 한 후는 백·인사이드(B·I)가 되는 것입니다. 따라서 턴에는 이미 배운 4가지의 커브와 마찬가지로 4종류가 있습니다.

턴의 명칭은 턴하기 전에 미끄러져 있는 에지의 명칭으로 불립니다 (그림15).

① 포워드·아웃사이드·턴
② 포워드·인사이드·턴
③ 백워드·아웃사이드·턴
④ 백워드·인사이드·턴

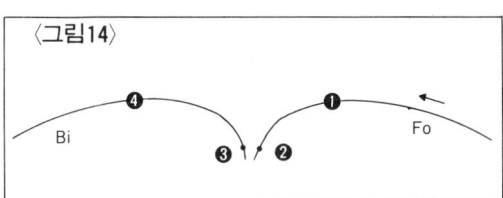

〈그림14〉

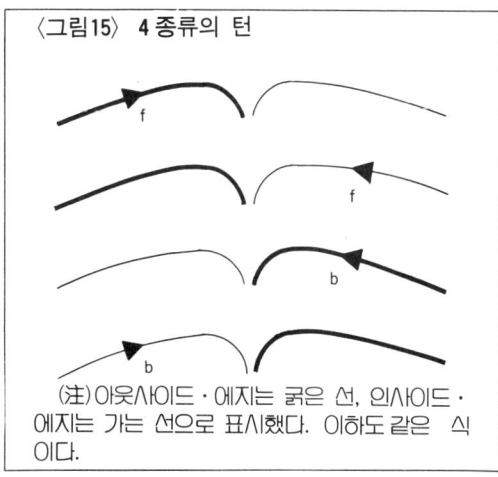

〈그림15〉 4 종류의 턴

(注)아웃사이드·에지는 굵은 선, 인사이드·에지는 가는 선으로 표시했다. 이하도 같은 식이다.

■ 쓰리·턴
① 프리·레그의 앞 끝을 스케이팅·레그의 뒷꿈치 쪽에 붙인다. 왼 팔을 뒷쪽으로 쭉 빼고, 오른 팔을 앞에 내어서 상반신을 왼쪽으로 비튼다 (턴의 준비자세).
② 오른팔을 돌리면서 턴을 시작한다.
블레드 (스케이트날)가 기울어진 쪽 (체중이 실려있는 장소)이 뒤쪽에서 앞쪽으로 이동한다.
③ 에지가 턴을 한 순간.
④ 턴이 끝난 자세. 오른 팔을 뒤쪽으로 빼고, 왼팔을 앞으로 내어서, 상반신을 오른쪽으로 비튼다.

■ 쓰리·턴의 나쁜 예
턴을 할 (사진④) 때, 허리와 프리·레그를 사용하면 이와같이 되고, 턴이 끝난 후 원이 작아지며 나선형을 그리게 된다.

곡선의 미끄러지는 방법에 대해서는 이미 해보았기 때문에, 여기에서는 턴의 방법에 대해서 설명하도록 하죠.

지금까지 스트로킹을 비롯해서 백·스케이팅 그리고 4가지의 세미·서클을 연습했읍니다.

지금부터는 차츰차츰 ISU (국제 스케이트 연맹)에서 정하고 있는 컨버서리·피겨의 연습으로 들어가도록 합니다.

하지만 지금부터 시작하는 서클은, 이제까지 연습해 왔던 세미·서클의 연장이며, 새롭게 생각하지 않으면 안되는 기술은 거의 없읍니다.

## □대표적인 도형의 활주법

이하, ISU(국제 스케이트 연맹)의 컨버서리·피겨·스케이트에서 들고 있는 도형의 순서에 따라 주요도형의 활주법을 요점만 말하도록 하겠읍니다.

모든 도형은 오른발 스타트, 왼발 스타트의 양발로 미끄러지지 않으면 안되지만, 이 책에서는 오른발 스타트의 경우에 맞추어 설명하도록 하겠읍니다.

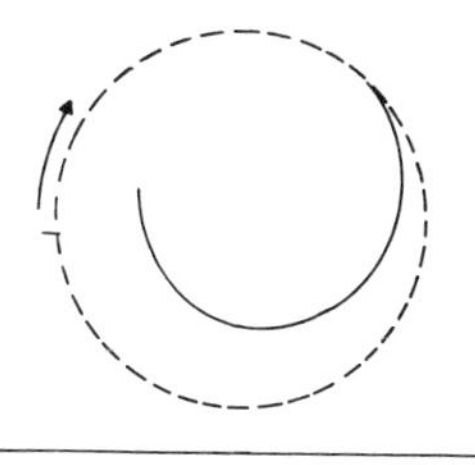

### ▶서클 8 - 포워드·아웃사이드(ISU도형표 No. 1)

이 서클 8 (커브 8이라고도 한다)은 도형이 숫자 '8'의 글자와 비슷하기 때문에 이름이 붙여진 것입니다.

〈그림16〉

■서클  8 — 포워드·아웃사이드 (No. 1)
세미·서클과 똑 같은 동작을 그림과 같이 행한다.
①② 어떤 피겨라도 미끄러져 나가는 것이 가장 중요하다. 이미 배운 주의 사항(자세, 발의 위치, 장단의 액시스 관계)을 기억해 주세요.
③ 활주시작. 몸의 오른쪽 부분(오른어깨·팔)이 활주를 리드하고, 왼팔, 왼발( 프리·레그)은 뒤에 남겨 둔다. 이 자세가 유지되지 않고 바로 상반신이 오른쪽으로 회전하게 되면, 곡선이 원이 되지않고 휘어져 그려지게 된다(그림16).
⑤→⑥ 활주가 반원에서 후반으로 된다. 차 나아가는 위치대로 뒷쪽에서부터 따라 오는 프리·레그(왼발)가 활주하고 있는 발의 옆을 지나쳐서 앞으로 나간다. 오른쪽 어깨·오른팔이 조금 더 오른쪽으로 돌기 시작하고, 거기에 연이어서 왼팔(어깨)도 오른쪽으로 회전. 앞으로 나간다.
⑦→⑧ 로 프리·레그가 스케이팅·레그와 나란히 됨과 동시에, 오른 발목만을 바깥 쪽으로 회전시켜서 돌려 찬다(그림18).

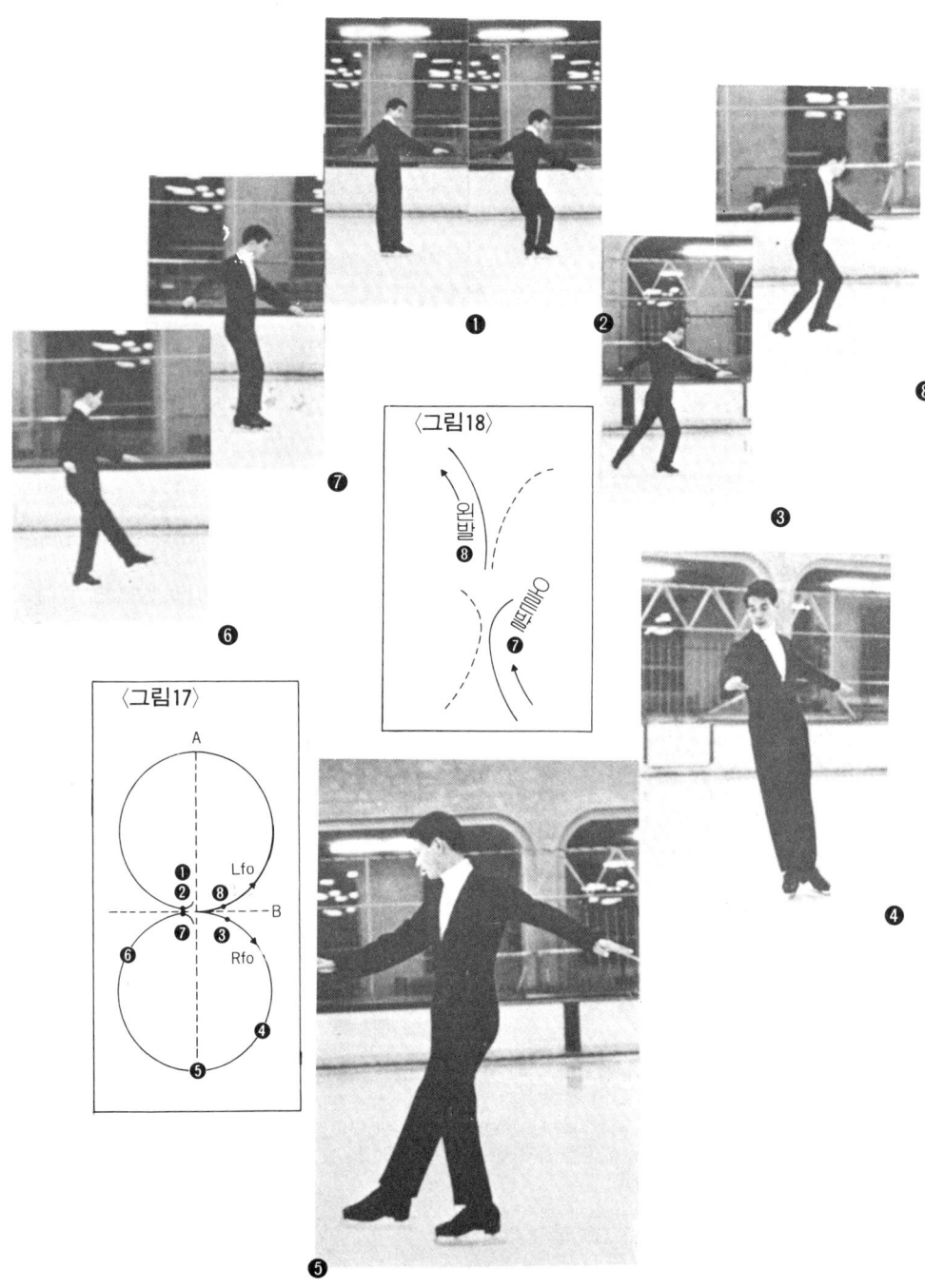

❶ ❷ ❺

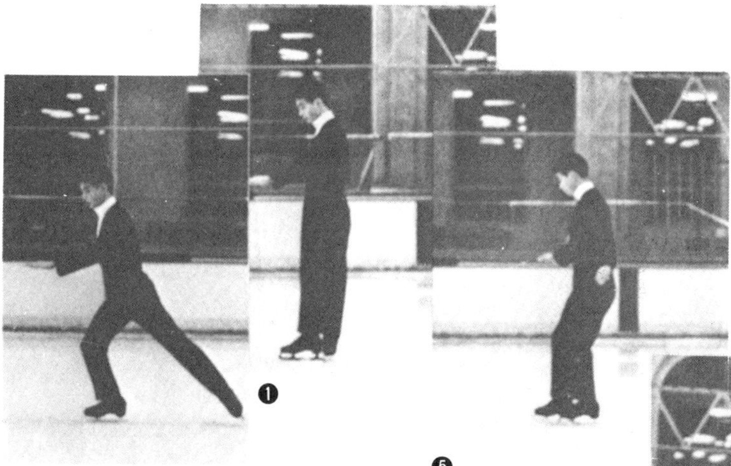

## ▶서클 8 — 포워드 · 인사이드

(ISU 도형표 No. 2)

■서클 8 — 포워드 · 인사이드 (No. 2)

세미 · 서클과 똑같은 동작을 그림과 같이 행한다.

① → ⑤ 요령은 세미 · 서클의 경우, 혹은 에지가 반대가 될 때 앞 항의 아웃 사이드의 ① → ⑧ 과 같다.

이 경우, ② 의 위치는 전항의 아웃 사이드의 ③ 의 위치에 해당한다.

❹

❸

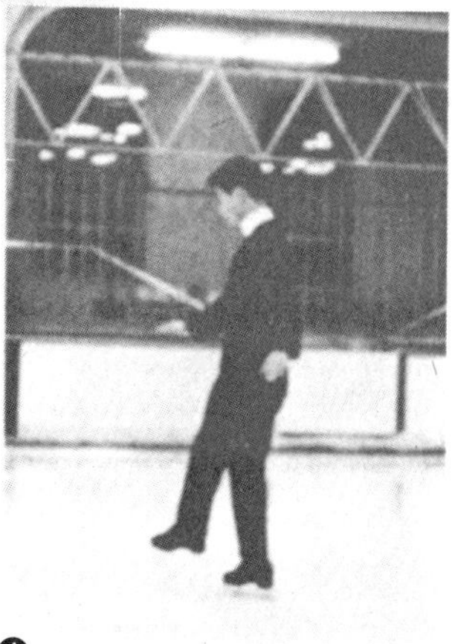

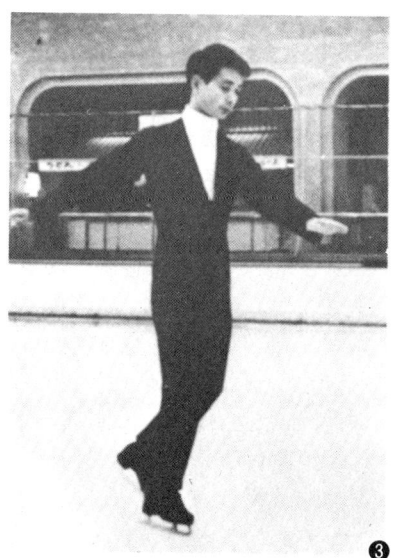

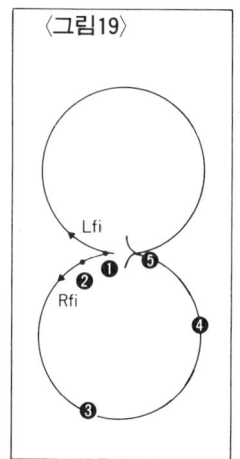

〈그림19〉

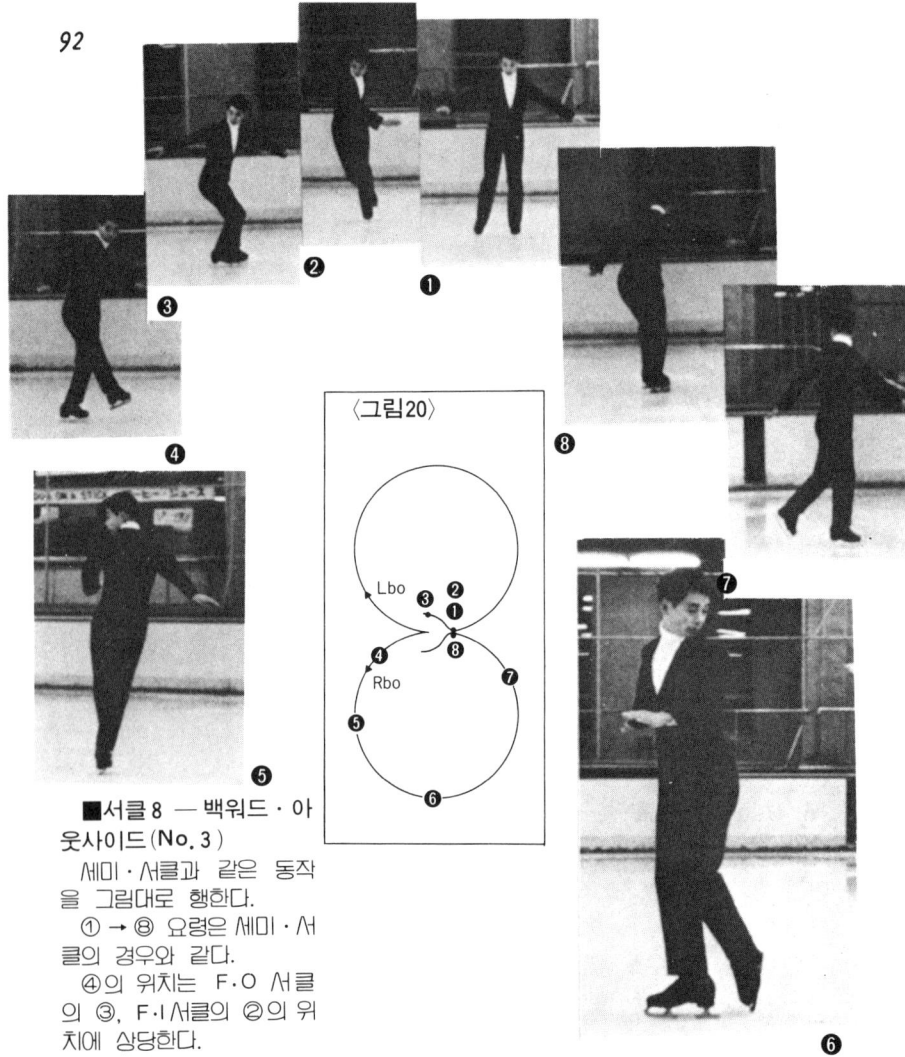

■서클 8 ― 백워드·아웃사이드(No. 3)
 세미·서클과 같은 동작을 그림대로 행한다.
 ① → ⑧ 요령은 세미·서클의 경우와 같다.
 ④의 위치는 F·O 서클의 ③, F·I 서클의 ②의 위치에 상당한다.

▶서클 8 ― 백워드·아웃사이드(ISU 도형표 No.3)
　사진 ⑤~⑥ 사이는 스케이트에 따라서 진행 방향이 약간씩 사각이 되어 트레이스가 보이지 않게 됩니다. 이 때, 무리하게 트레이스를 보려고 목을 비틀어버리면, 오히려 자세를 무너지게 해서 트레이스가 흔들거리게 됩니다. 후진 활주에는 어떻게 해서든지 사각(死角)이 생기는데, 이 때는 자기 머리 속에 도형을 그려서 그 감각대도 미끄러지지 않으면 안됩니다. 이런 '감각을 탄다'는 말은 사각의 경우 뿐만 아니라, 모든 피겨의 경우에 대해서 할 수 있는 말입니다.

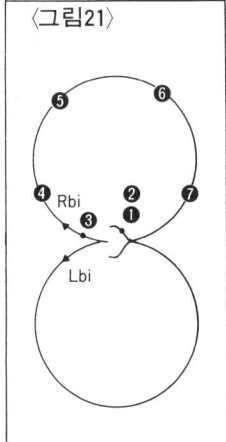

〈그림21〉

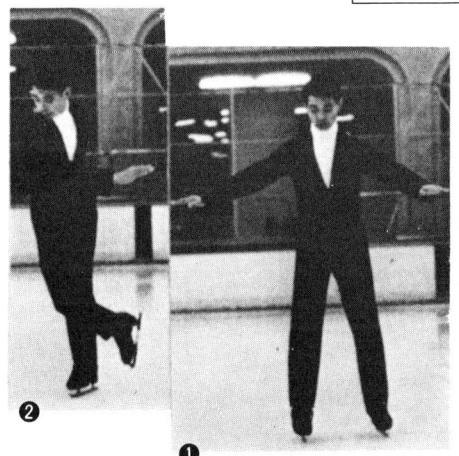

▶ 서클 8 - 백워드 · 인사이드 (I SU도형표 No.4)

■ 서클 8 - 백워드 · 인사이드 (No.4)
① → ④는 이미 배운 세미 · 서클의 경우와 같다.
⑤ 얼굴만 원의 안쪽에서 진행방향을 본다.
⑥ 프리 · 레그를 뒤쪽으로 뺀다.
⑦ 팔을 왼쪽으로 회전시킨다.

### ▶써펜다인 – 포워드
### (ISU 도형표 No.5 a, b)

■써펜다인 – 포워드(No. 5 a)

① 출발. 앞에서 배운 포·아웃사이드·서클과 같은 활주법.

② 팔을 그대로 두고 프리·레그를 앞으로 빼서,

③ 스케이팅·레그의 무릎을 천천히 펴면서 프리·레그를 앞으로 들어올린다.

④ 에지를 바꾸어 (아웃 → 인), ③의 상태에서 프리·레그를 뒤쪽으로 빼면서(스윙·다운), 스케이팅·레그의 무릎을 조금 굽힌다.

⑤ 오른팔은 뒤로, 왼팔은 앞으로 바꾸어 인사이드·서클과 같은 활주법을 사용해서 원을 그린다. 다음에, 인사이드·서클에서 배운 것과 같은 방법으로 다리를 바꾸어 차는데, 왼발의 인·에지에 체중을 두고 나머지 반원을 그린다.

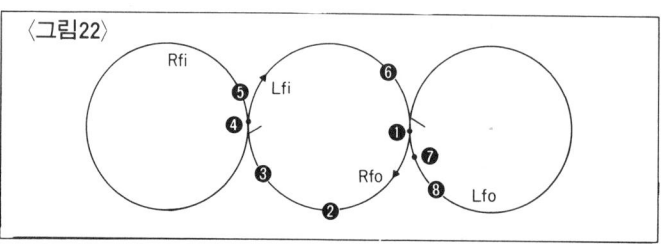

⑥ 반원이 거의 끝나갈 상태이다. 팔은 그대로, 프리·레그를 앞으로 내고, 아웃사이드와 같이 무릎을 천천히 펴면서 프리·레그를 앞으로 들어올린다.
⑦ 2번째의 체인지(인→아웃)를 한다. ⑥의 상태에서 프리·레그를 뒤로 빼서 스윙·다운 하면서, 스케이팅·레그의 무릎을 가볍게 굽힌다.
⑧ 마지막 원을 출발. 아웃사이드에서 인사이드의 에지의 체인지를 하는 것과는 달리, 이 경우는 팔을 그대로 둔다.

❻

❼

⑥ 의 옆으로돌기

❻

❶

❽

③ 의 옆으로 돌기

❸

써펜다인은 써벤트(뱀)에서 나온 말로 '뱀이 기어다니는 길'을 의미합니다.

도형은 서클을 3개 연결한 모양인데, 에지의 아웃, 인, 왼발, 오른발을 도중에서 교차시켜, 실제상으로는 반원 – 원 – 반원 – 원의 순서로 그려갑니다. 이것은, 같은 발을 사용하면서 도중에 에지를 바꾸기 때문에 '체인지'라고도 말합니다. ISU도형표에서는 '체인지'로 표현하고 있읍니다.

좀 더 구체적으로 말하면, 예를 들면, 오른발로 반원을 그리고 거기에서 에지를 바꾸어(체인지), 다른 커브를 틀어서 원을 그립니다(반원의 종점으로 돌아온다).

여기에서 발을 왼쪽으로 바꾸어서 남은 반원을 그리고(스타트 지점에 돌아온다), 에지를 바꾸어 또 하나의 원을 그리면서 스타트로 돌아 옵니다.

오른발로 출발할 때는, 에지와 발을 Rfo (맨처음의 반원) — Rfi ( 다음의 원) —Lfi (나머지 반원) —Lfo (맨마지막 원)로 됩니다.

써펜다인에서 중요한 점은, 아웃사이드의 에지로부터 인사이드 에지(혹은 그 반대)로 바꾸는데, 말하자면 체인지·에지입니다. 체인지를 할 때의 동작에 있어서 중요한 것은 몸의 휘어짐과 프리·레그의 사용법입니다.

프리·레그는, 보통 전진일 때는(뒤에 있는 발을 앞으로 내었다가 뒤로) 앞에서부터 뒤쪽으로, 후진일 때에는 뒤에서부터 앞쪽으로 사용합니다. 그런데 모든 경우에 있어서 시계의 초침과 같은 빠르기로 하는데 마치 톱

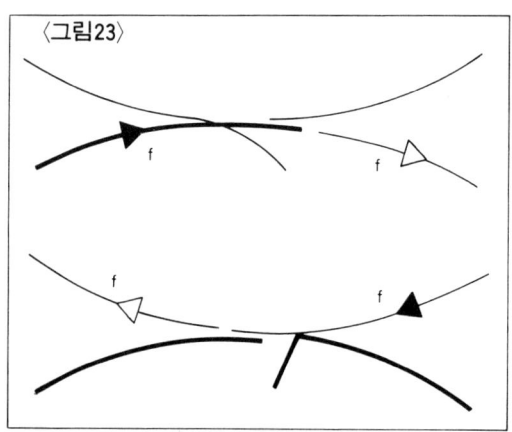

〈그림23〉

니바퀴가 돌아가는 것처럼 움직입니다. 그리고 스케이팅·레그와 프리·레그가 나란히 되었을 때, 체인지 할 수 있도록 타이밍을 맞추는 일입니다.

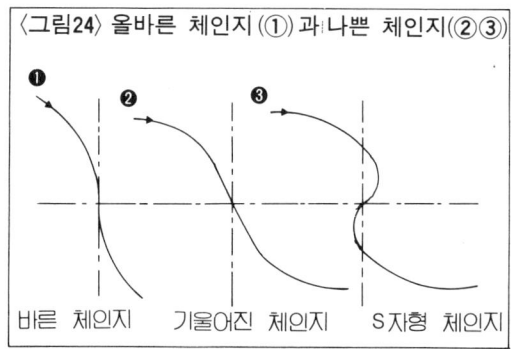

〈그림24〉 올바른 체인지(①)과 나쁜 체인지(②③)
바른 체인지    기울어진 체인지    S자형 체인지

▶ 서펜다인 – 백워드 (ISU 도형표 No.6 a, b)

■써펜다인 — 백워드 (No. 6 a)
① 백·아웃의 스타트와 같다.
② 백·아웃의 서클과 같다.
③ ②의 그대로 자세를 유지하면서, 프리·레그의 발 끝을 스케이팅·레그의 발뒷꿈치에로 이동시킨다.
④ 최초의 반원이 끝나갈 무렵, 스케이팅·레그의 무릎을 펴면서, 프리·레그를 뒷쪽으로 뺀다.
⑤ 팔은 그대로 두고, 프리·레그를 앞으로 내면서 체인지·에지하고, 동시에 가볍게 무릎을 굽힌다.
⑥ 이것 다음에는 발을 바꾸기 전까지 백·인의 서클과 같은 요령으로 원을 그린다.
⑦ 백·인의 서클과 같은 요령으로 발을 바꾸어,
⑧ 왼발로 백·인의 반원을 그리기 시작한다.
⑨ 반원의 중간 ⑧의 상태대로 프리·레그의 발앞 끝을 스케이팅·레그의 뒷꿈치로,
⑩ 반원이 끝나갈 무렵, 발을 오른쪽으로 회전시키면서, 프리·레그를 뒤로 빼면서 스케이팅·레그의 무릎을 가볍게 편다.
⑪ 팔은 그대로 둔다. 프리·레그를 앞으로 내면서 체인지 에지를 하고, 동시에 가볍게 무릎을 굽힌다.
⑫ 에지는 아웃으로 바꾸고, 그대로의 상태로 반원을 활주한다.
⑬ ⑫의 상태로 프리·레그를 뒤로 빼고 남은 반원을 그린다.

■백의 나쁜 예
Ⓐ ④의 백·아웃과 같은 장소에서의 예. 프리·레그는 발 앞 끝을 바깥쪽으로 너무 기울인데다가 뒤로 너무 뺀 상태.
Ⓑ 백·인. 프리·레그가 옆으로 벌어져서 발 끝이 안쪽으로 향해 있다.

■ 써펜다인 — 백워드

A ④의 나쁜 예

B ⑪의 나쁜 예

### ▶쓰리(ISU 도형표 No.7 a, b)

Rfo → Rbi,  Lfo → Lbi
Lfo → Lbi,  Rfo → Rbi

'쓰리'라고 하는 것은 아라비아 숫자 3이라는 뜻입니다. 이 도형이 3이라는 글자와 비슷하기 때문에 붙여진 이름이죠. 두개의 서클을 그리는 쓰리의 끝 부분은 롱·액시스상에 위치하지 않으면 안됩니다.

이러한 종류의 턴은, 프리·스케이팅이라도 확실히 기억해둘 필요가 있읍니다. 6종류의 각각 다른 활주법의 순서가 있는데, 어느 경우도 전진으로 시작해서, 턴을 하면 진행 방향이 반대로 되고, 사용하는 에지도 반대(아웃 → 인, 인 → 아웃)가 됩니다. 이 부분만을 약도로 나타내면 그림 27과 같습니다.

사진은 도형 번호로 7a라고 하는 활주법입니다. 다른 4종류는, 턴을 해서 하나의 서클을 그리면서 돌아오면, 제 2원은 발을 바꾸어서도 같은 에지로, 같은 몸의 방향(예를 들면, 오른발 백·인으로 제 1원이 끝나면, 왼발 백·인으로)으로 나아갑니다. 하지만 이 No.7은 a,b라고도 하고, 제 1원을 끝내면, 몸의 방향을 반대로 하지 않으면 안됩니다. 이러한 발 바꾸기가 하나의 포인트가 됩니다.

■쓰리(No.7)
① 오른발로 보통의 포·아웃 서클과 같은 식으로 스타트해서, 턴을 하기 위해 상반신을 회전시키는 것을 시작하고 있다.
② 준비 자세 완료.
③ 턴을 한다.
④ 턴이 끝난 자세.
⑤ 그 자세로 스타트 지점으로 돌아 온다.
⑥ 발을 바꾼다. 오른팔을 뒤로, 왼팔은 앞으로, 오른발은 아직 백·인의 상태이다.
⑦ 왼발로 포·아웃 서클과 같은 자세가 된다.
⑧ ⑨ ⑩ - ② ③ ④와 같다.

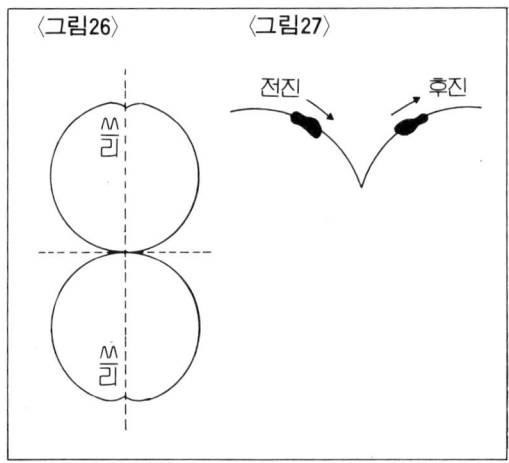

〈그림26〉  〈그림27〉

### ▶쓰리 (ISU 도형표 No.8 a, b)

Rfo → Rbi   Lbi → Lfo   Lfo → Lbi   Rbi → Rfo

쓰리의 나머지 4종류는 제1원이 끝나면 같은 방향으로 향해서 제2원으로 옮겨가기 때문에, 꼭 제1원의 스타트와 같은 에지(아웃으로 시작하면 아웃, 물론 활주하는 발은 반대로)로 돌아 옵니다. 스타트는 포·아웃과 포·인의 두 종류가 있고, 각각 왼발 스타트, 오른발 스타트 별로 합계 4종류라고 말할 수 있읍니다. 여기에서 말하는 것은 포·아웃 스타트인데, 사진은 그 가운데 오른발 스타트이고, 도형 번호로 말하자면 No. 8 a라고 말하는 것입니다.

### ■쓰리 (No. 8 a)

① → ⑧ 전항의 7의 쓰리와 똑 같은 요령이다.
⑨ 왼발로 바꾸어 백·인으로 바꾼 뒤, 머리는 바깥쪽을 향하게 한 채로 턴의 위치까지 온다. 턴의 준비자세는,
⑩ 왼팔을 빼고,
⑪ 오른팔을 또다시 왼쪽으로,
⑫ 그리고 턴한다. 턴이 끝난 후, 오른팔을 뒤로, 왼팔을 앞으로 해서 원주의 3/4까지 미끄러져 (이 경우, 오른팔을 완전히 빼지 않으면 커브가 적어져서 빨리 안쪽으로 먹혀들어가기 때문에 주의가 필요) (그림30)
⑬ 3/4을 지나치면, 다음에 바꾸어질 준비를 하여, 서서히 팔을 돌려,
⑭ 아웃사이드·서클의 귀착법과 같다.

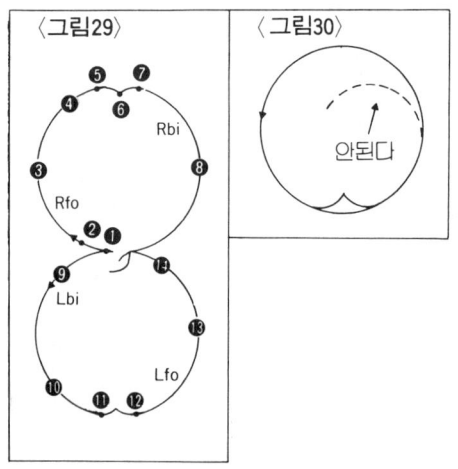

▶쓰리(ISU 도형표 No. 9 a, b)
Rfi→Rbo, Lbo→Lfi(a), Lfi→Lbo, Rbo→Rfi (b)

마지막으로 남은 것은 포·인에서부터 시작하는 쓰리입니다. 좌·우 양발 가운데, 사진은 오른발 스타트입니다.

서클 8 때에는 상체와 얼굴을 원의 안쪽으로 향하게 해서 활주를 시작했읍니다만, 이번 경우는 원의 바깥쪽에서부터 진행 방향을 봅니다. 왜냐하면, 서클 8과 같은 식으로 발을 바꾸어 차면, 사진 ⑥⑦의 사이와 ⑧의 부분에서 목을 돌리지 않으면 안됩니다.

이렇게 머리를 돌릴 때, 몸의 밸런스를 잃기 쉽고, 따라서 발목이 흔들려 트레이스가 구부려지는 결과를 낳기 쉽기 때문입니다.

목을 움직이지 않는 방법이며, 마이너스를 최소한으로 줄이는 방법이기도 합니다.

■쓰리(No.9 a)
① 포·인·서클과 같은 자세로 스타트 하고,
② 프리·레그의 발끝을 스케이팅 레그의 뒷꿈치에 붙여 가서, 또다시 상반신을 붙여 가서, 또다시 상반신을 왼쪽으로 향하게 한다.
③ 그리고 왼팔을 빼서,
④ 오른팔을 안쪽으로 넣고,
⑤ 턴한다.
⑥ 턴이 끝난 다음, 상체를 원의 안쪽 방향으로 비틀어 얼굴도 안쪽에서 진행 방향을 본 채로 돌아온다.
⑦ 얼굴과 팔을 그대로 두고, 백·아웃사이드로 발을 바꾼다.
⑧→⑨ 발을 바꾼 후의 자세대로 활주해 온 오른팔을 빼어서,
⑩ 왼팔을 넣고,
⑪ 그리고 턴한다.
⑫ 턴이 끝난 후, 왼팔을 뒤로, 오른팔을 앞으로 한 자세로 원주의 3/4까지 미끄러져, 앞의 쓰리(No.8)와 같은 식으로 턴한 직후, 왼팔을 완전히 붙여두지 않으면 트레이스가 원의 가운데로 휘어져 들어가므로 주의가 필요.
⑬ 3/4에서 먼저 다음의 바꾸어 차기의 준비를 위해 왼팔이 앞으로, 오른팔이 뒤로 가도록 하고, 포·인의 스타트와 같은 자세가 되도록 한다.

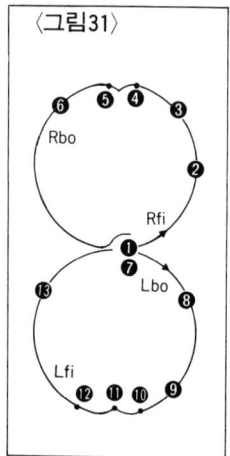

〈그림31〉

▶더블 · 쓰리
(포 · 아웃 : ISU 도형표 No. 10a, b~13a, b)

더블 · 쓰리는 쓰리의 발리에이션(변종, 응용)입니다. 즉 그림 33과 같이 하나의 서클에 쓰리가 두개씩 있읍니다.

따라서 쓰리 보다는 어렵지만, 요령의 기본에 있어서 별다른 점은 없읍니다.

이 더블 · 쓰리는 전진(포)이나 후진(백), 아웃과 인이 각각 있는데 활주법은 합계 4종류가 됩니다.

Rfo → Rbi → Rfo, Lfo → Lbi → Lfo/Rfi → Rbo → Rfi, Lfi → Lbo → Lfi
Rbo → Rfi → Rbo, Lbo → Lfi → Lbo/Rbi → Rfo → Rbi, Lbi → Lfo → Lbi

더블 · 쓰리에서의 주의점은, 두개의 턴이 원을 3개의 똑같은 커브로 나뉘어지고, 중앙의 커브는 그 도형의 롱 · 액시스로 반으로 갈라지도록 활주하지 않으면 안된다는 점입니다.

결국, 2개의 쓰리 · 턴을 스타트 지점에서 원주상의 1/3과 2/3의 지점에서 행하는 것(따라서 스타트 지점, 제1, 제2턴을 묶으면 정 삼각형이 된다), 또 2개의 쓰리의 끝 지점은 원의 중심을 가르키고 있지 않으면 안됩니다. 여기에서 들고 있는 것은 포 · 아웃의 예입니다.

■더블 · 쓰리(No. 10)
아웃사이드 · 서클 8과 같이 오른팔은 앞으로, 왼팔은 뒤로 한 상태에서 스타트 해서,
① 스타트직후, 곧바로 팔을 돌려(왼팔은 앞, 오른팔은 뒤) No. 7의 쓰리와 같은 요령으로 턴한다.

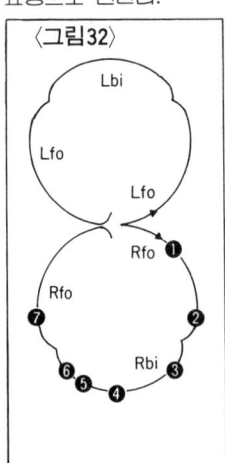

〈그림32〉

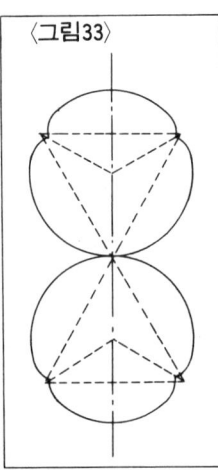

〈그림33〉

② → ③ No. 7의 쓰리와 같은 요령으로 턴한다.
④ 제1턴이 끝난 뒤, 왼팔과 프리 · 레그를 멈춘 채, 목을 원의 바깥쪽으로 향하게 하고,
⑤ 오른팔을 뒤쪽으로, 왼팔을 앞쪽으로 돌려서,
⑥ 프리 · 레그를 앞으로 내어서, 그 다음은 No. 8의 백 · 인사이드 턴과 같은 요령으로 턴을 하고,
⑦ 턴이 끝난 뒤, 다음의 발 바꾸기까지 No. 8과 같은 요령이면 좋다.

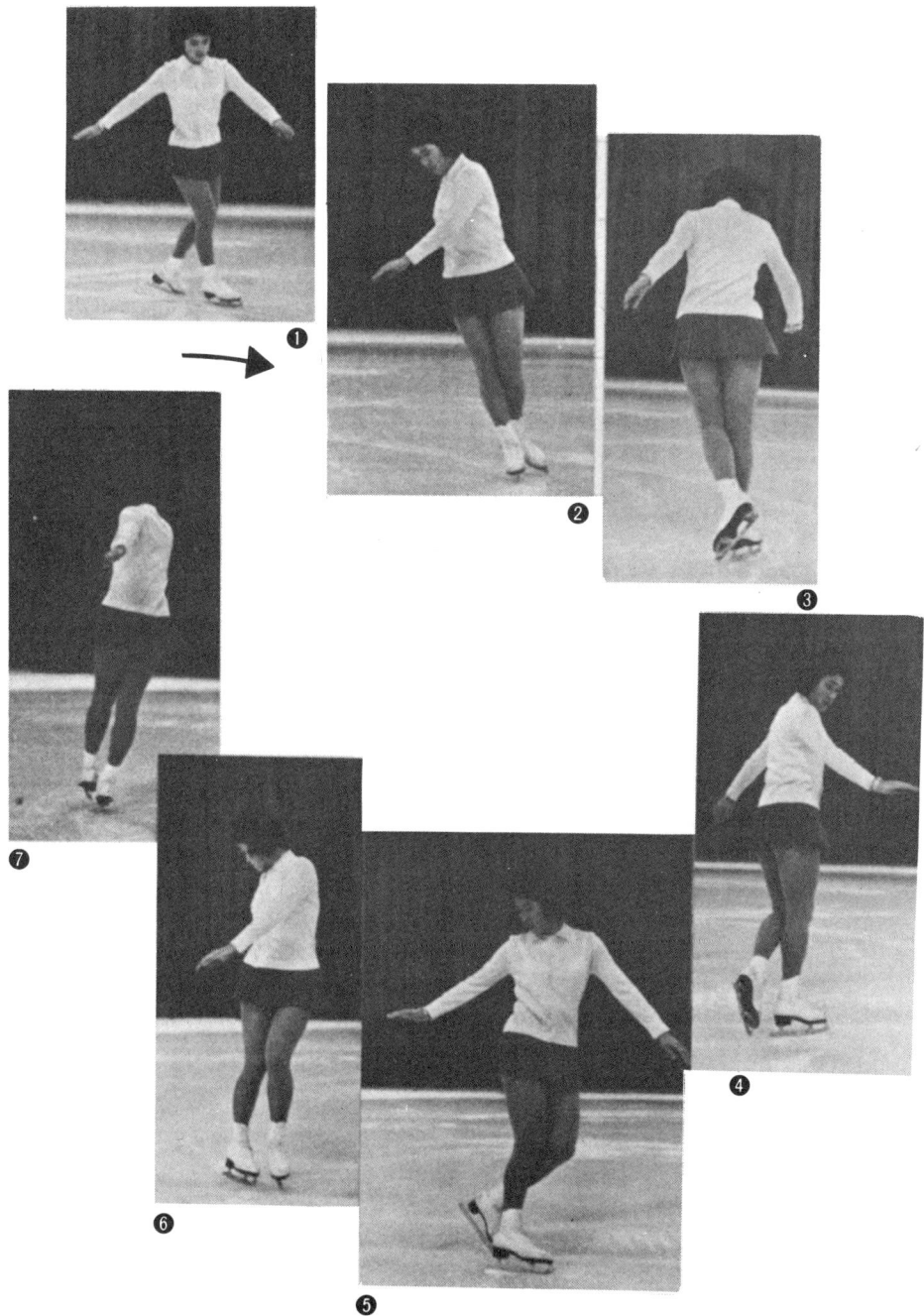

### ▶루프(포·아웃 : ISU 도형표 No. 14a, b~17a, b)

루프의 도형은 서클의 안에 또 하나의 작은 서클이 있는 상태를 말하는 특수한 것입니다.

하지만 또 하나의 커브의 연결이며, 턴도 체인지를 하는 것이 아니기 때문에, 전진해서 시작하면 그대로 전진해서 돌아오게 됩니다. 루프는 바퀴라든가, 환상 곡선이라는 의미입니다.

전진(포), 후진(백) 각각에 아웃과 인의 종류가 있으므로 활주법은 4종류가 됩니다. 더블·쓰리의 경우와 같습니다.

Rfo(루프) Rfo, Lfo(루프) Lfo / Rfi → Rfi, Lfi → Lfi
Rbo → Rbo, Lbo → Lbo  / Rbi → Rbi, Lbi → Lbi

루프도 도형상 주의하지 않으면 안되는 것이 있읍니다.

먼저 1서클의 직경이 스케이트의 신장과 거의 같은(다른 도형은 약 3배) 것일 것. 루프는 깎임과 뾰죽한 면이 없이 깨끗하게 활주되게 할 것. 루프 출입구의 교차점은 롱·액시스상에 있고, 루프는 같은 롱·액시스로 좌·우 대칭으로 갈라지게 할것. 루프의 길이는 출입구의 교차점에서 도형의 쇼트·액시스까지 거리의 약 1/3이 되게할 것. 루프의 폭은 길이의 2/3가 되게할 것. 루프의 출입구의 길이는 원 직경의 약 5/6가 되게 할 것 등입니다. 설명도를 잘 보아 주십시오(그림34).

사진의 예는 포·아웃의 경우입니다.

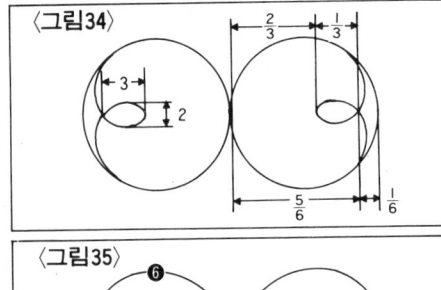

〈그림34〉

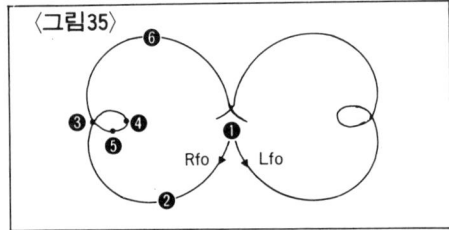

〈그림35〉

■ 루프 (No.14)
① 루프는 도형이 작기 때문에, 원의 안쪽을 향해서 스타트 한다.(왼팔은 앞, 오른팔은 뒤).
② 스타트 직후의 자세. 오른쪽으로 충분히 비틀어져 있다.
③ 프리·레그는 트레이스의 바깥쪽을 크게 돌도록 한다.
④ 루프의 정점. 프리·레그는 스케이팅·레그의 거의 옆쪽에 나란히 가져가도록 한다.
⑤ 루프의 3/4의 지점. 여기에서 프리·레그를 스케이팅·레그의 앞으로 낸다.

⑥ 프리·레그가 앞으로 나오면, 그 이상 원의 안쪽으로 들어가지 않도록 하기 위해, 상체의 휘어짐이 바깥쪽으로 (왼쪽) 기울게 가져간다.

스케이팅·레그의 무릎이 스타트할 때, 구부려서 루프의 3/4까지 그대로 미끄러지고, 3/4지점에서 조금씩 펴가기 시작한다.

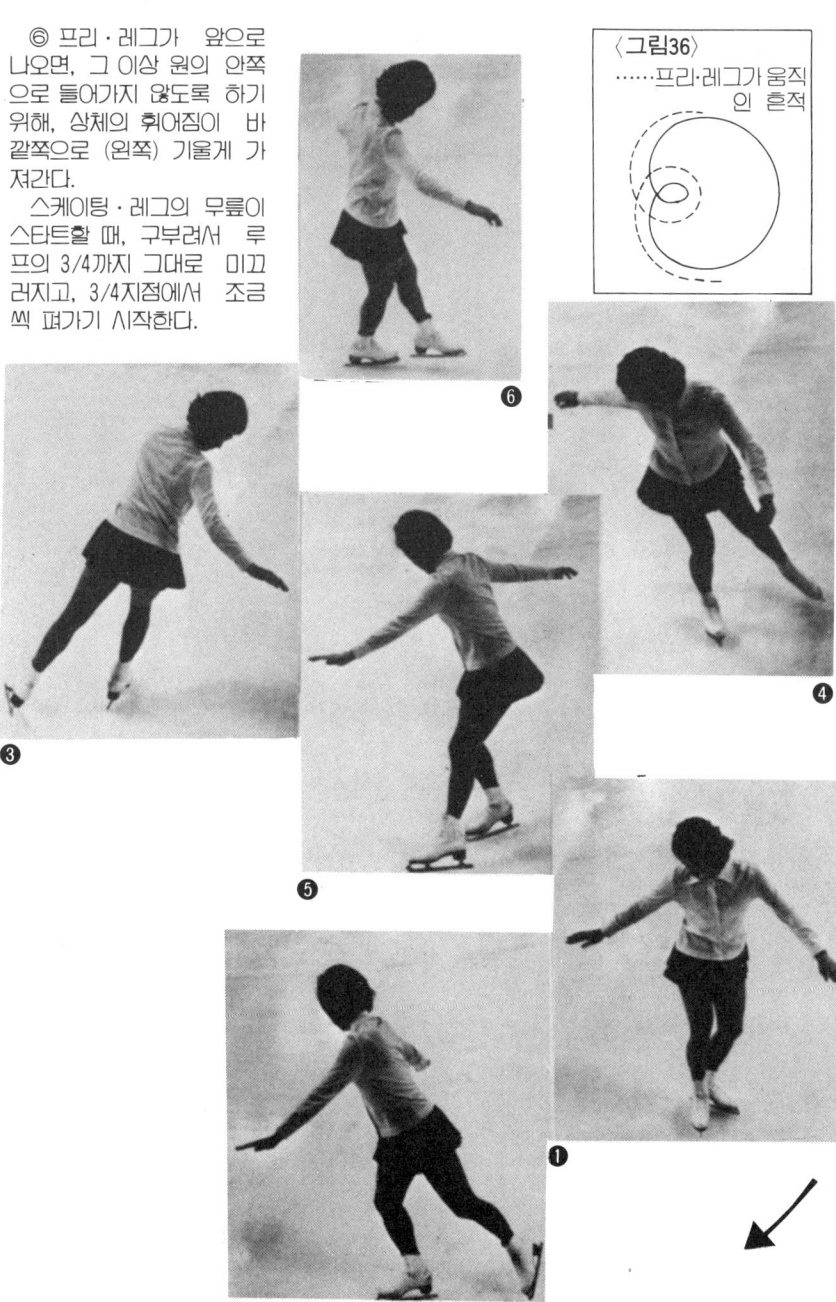

〈그림36〉
······프리·레그가 움직인 흔적

▶브래킷(포·인 : ISU 도형표 No. 18 a, b ~ 19 a, b)

브래킷이라는 것은 이름 그대로, 턴의 도형이 괄호 모양이라는 뜻입니다. 그리고 또 쓰리와는 반대가 되는 도형이기도 합니다.

쓰리·턴과 같이 턴의 첫부분은 롱·액시스상에서 행해집니다. 턴의 전반 부분은 스타트 함과 동시에 같은 에지로 턴을 하고 난뒤, 후반 부분은 반대 방향이 되어 반대쪽 에지를 사용해서 미끄러지게 됩니다.

제 2원에서 발을 바꿉니다.

활주법은 오른발, 왼발 각각으로 아웃·인이 있으니까, 합계 4종류입니다.

따라서 제 2원의 시작법은 모두다 후진이 되는 것이지요 (그림37).

Rfo - (브래킷·턴) →Rbi, Lbi→ (브래킷·턴) →Lfo

Lfo→Lbi, Rbi→Rfo / Rfi→Rbo, Lbo→Lfi / Lfi→Lbo, Rbo→Rfi

이러한 가운데 포·인으로 시작한다.

다음의 두 가지가 도형 번호 No. 19의 a와 b입니다. 사진은 오른발 스타트의 경우입니다.

■브래킷 (No. 19 a)

① → ② 포·인의 서클과 같은 식으로 스타트.

③ 팔은 스타트할 때의 그대로, 프리·레그를 앞으로 낸다(턴의 부분의 회전이 쓰리와는 반대이므로 몸의 기울기도 반대가 된다).

④ 턴 직전의 자세(③ 보다도 몸이 더 비틀어져 있다).

⑤ 턴을 하는 순간, 프리·레그의 발끝이 그대로이며, 휘어진 것이 풀려지지 않도록 주의.

⑥ 턴 직후, 상체를 강하게 왼쪽으로 비틀고 있다.

⑦ ⑥의 자세대로 돌아온다.

⑧ 제2원. 백·아웃으로 발을 바꾼 뒤, 프리·레그는 백·아웃의 서클과 같은데, 왼팔이 앞으로 나와 있다.

⑨ 왼팔을 빼고 프리·레그를 활주 방향으로 해서 뒤로 뺀다.

⑩ 턴 직전.

⑪ 턴을 한 직후, 턴이 끝난 뒤는 포·인·서클과 같은 자세로 돌아온다.

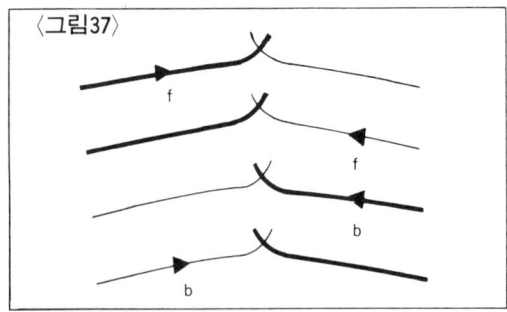

〈그림37〉

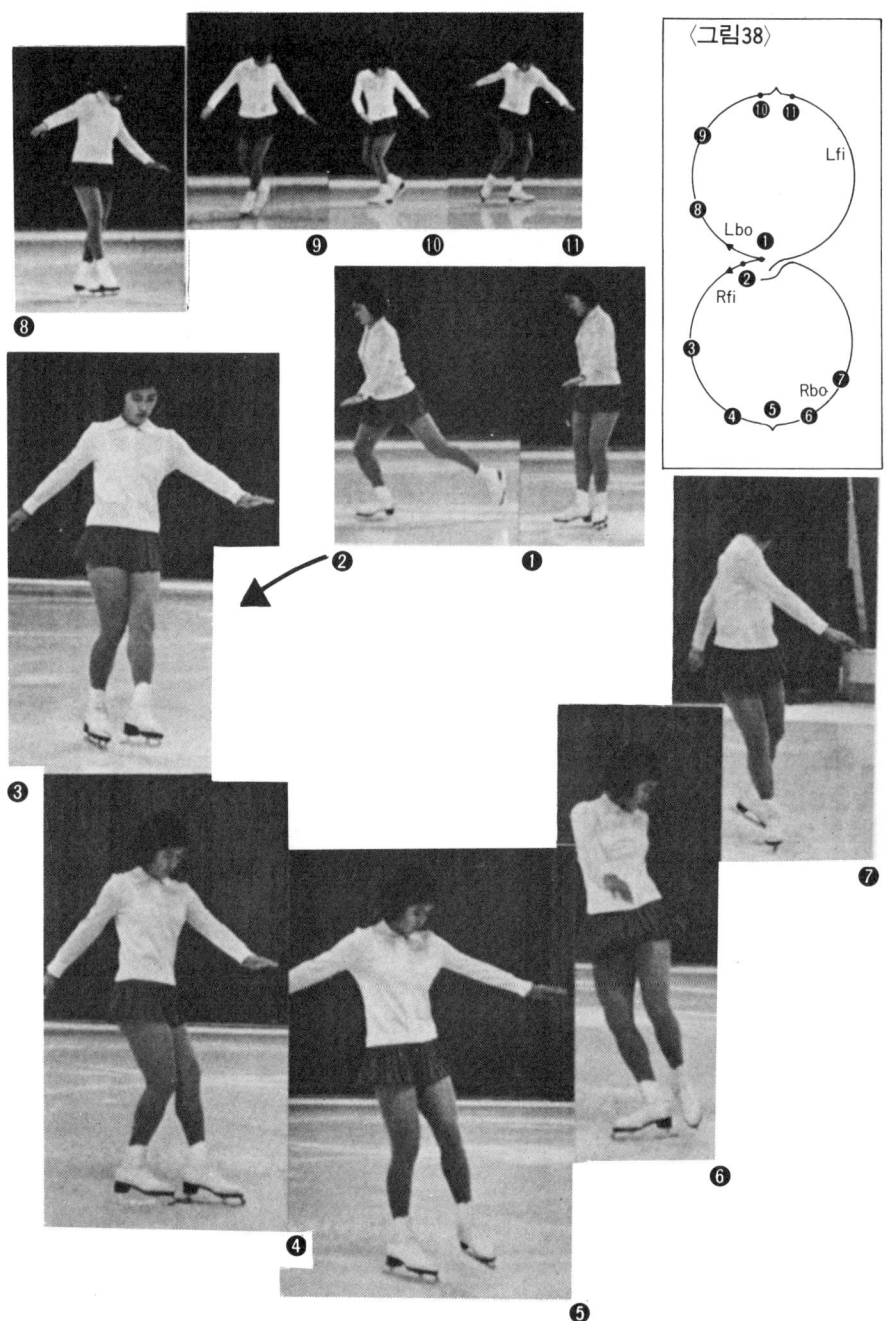

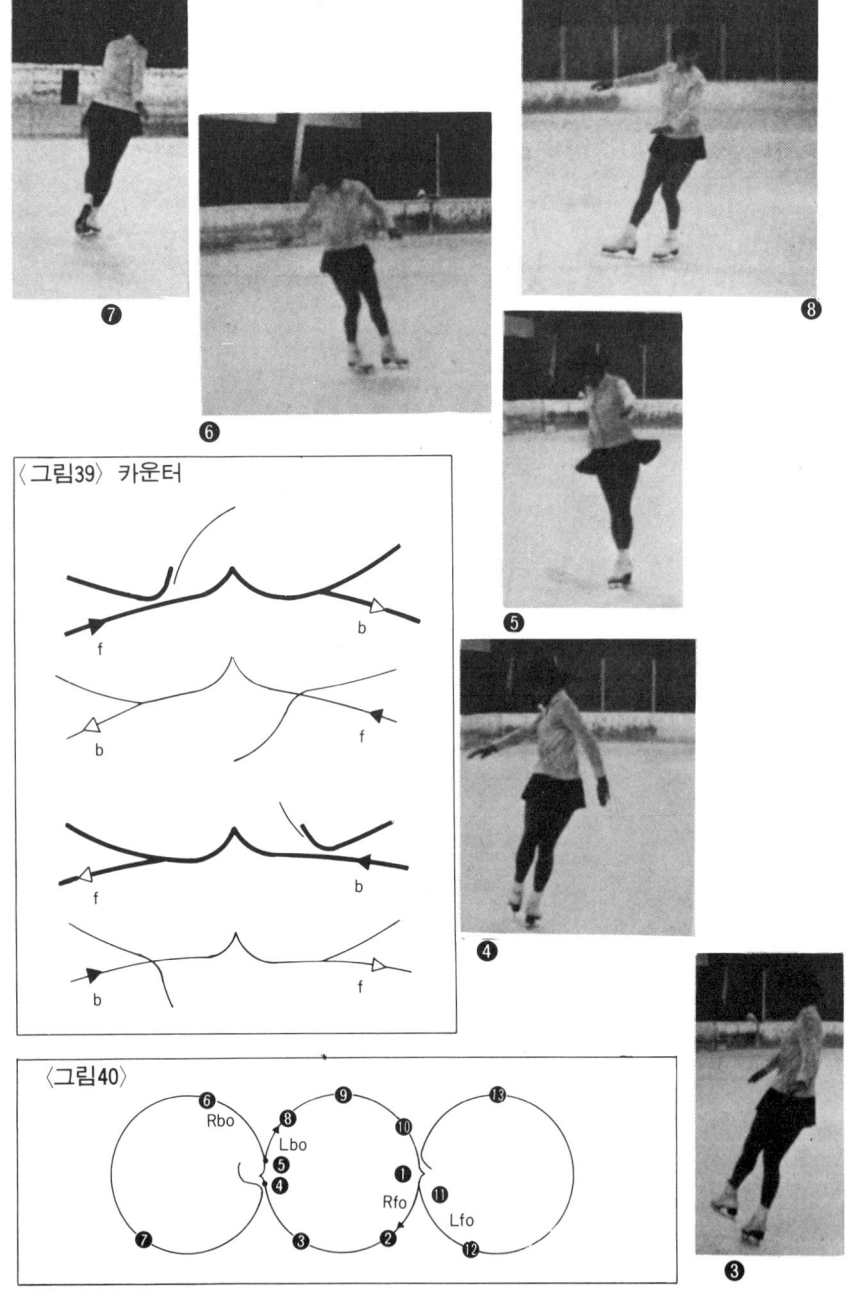

〈그림39〉 카운터

〈그림40〉

113

▶카운터(포 · 아웃 : ISU 도형표 No. 22a, b~23a, b)
 카운터는 체인지와 록커와 같이 원이 3개 연속된 도형입니다. 도형 번호상에서는 카운터 쪽이 록커보다 뒤에 나오는데, 활주법으로는 록커보다 약간 쉽기 때문에 먼저 설명하도록 하겠읍니다.
 카운터의 턴은 도형상에서 잠시 보자면, 쓰리와 브래킷과 비슷합니다. 하지만 이들 도형의 경우는 턴을 한 후 같은 서클의 후반 부분을 활주해서 결국 커브 출발점에 돌아옵니다.
 그런데 카운터(록커도 같음)의 경우는 턴을 하면 제 2의 원으로 옮겨서 (결국, 다른 커브), 이 원을 완성한 후 맨 처음의 원의 나머지 반부분에 옮겨서 거기에서 또다시 턴을 해서 제 3의 원을 그리는 것입니다.
 이 외의 특색은 턴을 하면, 몸의 방향은 당연히 변하게 되는데(전진 → 후진 또는 그 반대), 사용하는 에지는 변하지 않는다는 점입니다.
 반원 + 원을 끝낸 후, 발바꾸기가 있는데 그 때에도 에지는 그대로입니다. 턴의 다른 요점은 턴의 시작점에서 롱 · 액시스상에 있어서 도형상, 또는 도형하를 향하고 있을 것, 턴 직후의 커브가 좌우대칭이 되게 할 것 등입니다.
 활주를 시작할 때는 모두 전진으로 합니다. 좌우발 각각에 아웃 · 인이 있으니까, 합계 4종류입니다(그림39).
 Rfo - (턴) - Rbo, Lbo - (턴) - Lfo
 Lfo → Lbo, Rbo → Rfo
 Rfi → Rbi, Lbi → Lfi
 Lfi → Lbi, Rbi → Rfi
 여기에서 소개하는 것은 아웃의 스타트(22a와 b)로, 아웃사이드 · 카운터라고도 합니다. 사진에서는 오른발 스타트의 예정입니다.

■카운터(No. 22 a)
 ① 오른팔은 뒤쪽으로, 왼팔은 앞으로 해서 스타트.
 ② 프리 · 레그를 앞으로 내서,
 ③ 상체를 바깥쪽(왼쪽) 으로 돌려 간다.
 ④ ③ 보다 좀더 강하게 비틀어서 프리 · 레그를 스케이팅 · 레그에 태워서 턴한다.
 ⑤ 턴을 함과 동시에 프리 · 레그를 또 앞으로 낸다.
 ⑥ 턴이 끝난 후, 얼굴과 상체는 원의 안쪽을 향한 채 반원을 그린다.
 ⑦ 반주를 한 후, 얼굴과 상체를 그대로 두며, 프리 · 레그를 뒤로 빼서, 다음 발바꾸기의 위치까지 미끄러진다.
 발을 바꾸기 직전에 얼굴을 다음 원의 방향으로 향하게 한다.

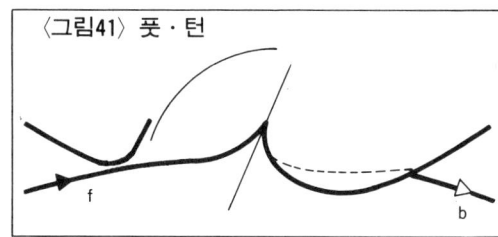
〈그림41〉 풋·턴

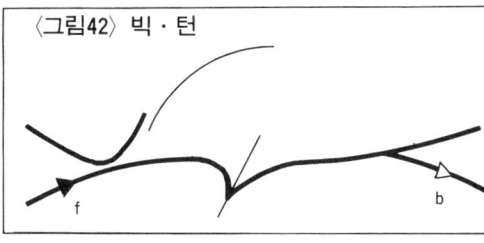
〈그림42〉 빅·턴

⑧ 백워드·아웃사이드로 발을 바꾼 직후, 얼굴은 원의 안쪽에서 진행 방향을 보고, 왼손은 앞으로, 오른손은 옆으로, 프리·레그는 앞으로 내어서 질주.
⑨ 프리·레그를 뒤로 빼면서 상체를 원의 안쪽에 향하게 한다.
⑩ ⑨의 자세에서 상체를 좀 더 강하게 비틀어서 턴을 한다.
⑪ 턴한다.
⑫ 턴이 끝난 다음, 오른팔은 뒤로, 왼팔은 앞으로, 프리·레그는 뒤에 둔 자세로 반원을 그린다.
⑬ 나머지 반원은 팔은 그대로 두고 프리·레그를 앞으로 내어서, 발 바꾸는 위치로 돌아온다.

▶록커(ISU 도형표 No. 20a, b~21a, b)

　록커는 '역카운터'라고도 할 수 있읍니다. 즉 턴을 시작할 때, 카운터의 경우는 한가운데의 원의 중심에서 보아 바깥쪽을 향하여 있읍니다만, 록커는 안쪽을 보고 있는 것만이 달라서, 도형상으로는 그 주의점과 진행의 순서가 카운터와 똑같읍니다.

　따라서 활주법도 모두 전진 스타트, 좌·우의 발의 아웃·인 각각 합해서 4종류가 됩니다 (그림43).

　R fo - (록커) - R bo, Lbo - (록커) - Lfo
　Lfo → Lbo, Rbo → Rfo
　R fi → Rbi, Lbi → Lfi
　Lfi → L bi, Rbi → Rfi

　여기에서 언급한 것은 아웃·스타트로 아웃사이드·록커 (No. 20의 a와 b) 라고 말합니다. 사진은 오른발 스타트의 예입니다.

■록커(No. 22 a)
① 스타트는 아웃·카운터와 같이 왼팔을 앞으로, 오른팔은 뒤로.
② 팔을 그대로 하고 프리·레그를 앞으로 낸다.
③ ②의 경우보다 조금 안쪽으로 비튼다.
④ 턴 (③과 반대로 왼쪽으로 비틀어 둔다).
⑤ 턴이 끝난 후, 백·아웃·서클의 돌아옴과 같은 자세대로 원을 일주한다.
⑥ 백·아웃으로 발을 바꾼 뒤, 곧바로 얼굴과 팔을 원의 바깥쪽으로 보게 하고,

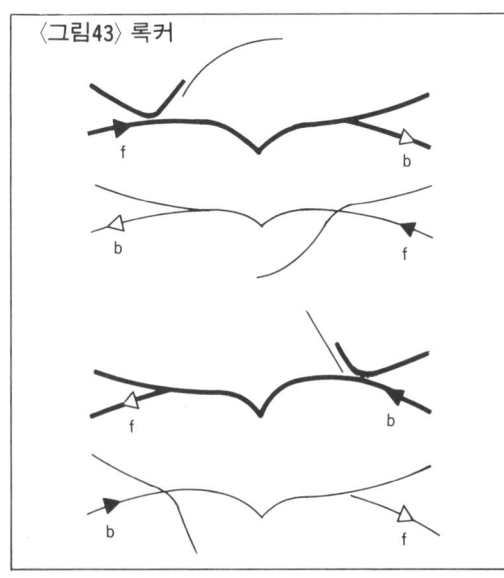

〈그림43〉 록커

⑦ 그대로 프리·레그를 빼서,
⑧ 또다시 팔을 오른쪽으로 강하게 비틀어서,
⑨ 턴(오른쪽에서 반대로 왼쪽으로 비틀여 돈다).
⑩ 턴이 끝난 후, 팔은 그대로, 프리·레그는 뒤쪽에 위치한 채로 반원을 돈다.
⑪ 나머지 반원에서는 프리·레그를 앞으로 내어서,
⑫ 왼쪽 팔은 앞에, 오른 팔은 뒤로 돌려가면서 발바꾸기 위치에까지 돌아온다.

117

〈그림44〉

록커

●경쾌한 풋·워크로 링크를 도는 브라이언·오서(카나다)의 런닝. 완벽한 트리플·액셀(3회전반)을 완성시킨 최초의 스케이터이다.

## □ 프리·스케이팅의 개념

먼저 말했다시피, 프리·스케이팅이라는 것은 여러가지 요소(점프, 스핀, 스텝등, 연기 중에서 사용되어지는 각종의 기술을 총괄해서 요소라고 부릅니다)를 음악에 맞추어 짜맞추며 개성을 발휘해서 자유로이 활주하는 것입니다.

하지만, 어떤 내용이더라도, 또 몸짓이나 손짓이 아무리 다채롭더라도 빙상에 그려지는 트레이스는 컨버서리로서, 지금까지 배운 에지의 사용법, 곡선과 턴, 체인지의 응용입니다.

따라서 컨버서리가 익숙하지 않은 사람은 프리 또한 잘 할 수가 없읍니다.

쓸데없이 프리의 화려함만 동경하지 말고, 먼저 기초를 확실히 재인식하면서 한걸음 한걸음 나아가도록 해야겠읍니다.

하지만, 프리는 '응용'이기 때문에 그 나름대로의 특색은 있읍니다. 그것은 채점의 부분에서 말했다시피 ① 테크니컬・메리트 ② 아티스틱・인프렉션 — 의 양면에서 각각 2번 채점된다 라고 하는 것으로 나타나 있읍니다.

활주나 점프도 그것이 확실히 연기되어진다고 하는 것뿐만이 아니라, 그들 요소의 조립과 구성이 변화에 더하면서 조화를 낳고 음악반주에 맞추는 것, 아니 그 이상으로 음악의 성격과 곡상을 연기하는 가운데 표현하지 않으면 안됩니다.

이 구성을 프로그램이라고 말합니다. 음악은 각 사람들이 좋아하는 취향에 따라서 채용하는 것입니다만, 곡이 아무리 훌륭하더라도 그것을 몸에 익힐 만한 힘이 스케이터에게 없다면 조잡한 내용이 되고 맙니다.

고도의 기술과 음악의 이해, 표현력이 함께 요구되는 것이지요. 그러한 의미로 프리는 빙면을 이용한 종합 예술의 하나라고 할 수 있읍니다.

그래서 다음과 같이도 말할 수 있읍니다. 컨버서리의 경우는 활주의 자세, 스피드, 도형이 룰의 요구를 어느정도 채울 수 있는가가 필요하며, 그것은 충분히 채점상의 조건이 됩니다. 그러나 프리에서는 연기가 어느 만큼 보는 사람의 마음을 흡족시키고, 또 감동시키는가가 커다란 포인트입니다.

가령, 아무리 예술적으로 뛰어난 활주를 했어도 고개를 숙이고 활주를 하고 있다면, 그 멋있는 것이 관객과 심판에게 어필할 수 있을까요.

'자기가 즐거우면 된다'라고 해서는 안되고, 보는 사람에게 호소하고 감동을 주려고 하는 마음가짐을 갖는 것이 가장 중요합니다. 나쁜 의미로 쇼맨쉽과는 구별해서 평소의 연습때서부터 신경을 써야 할 일입니다. 이것 가운데는 전체로서 아름답고 우아하며 크게 보이고, 장면(음악)에 맞추어 필요한 것을 전신으로 표현한다 라고 하는 것을 포함하고 있읍니다.

## □ 중요한 구성 요소

그러면, 구성 요소 중 중요한 것은 무엇이 있을까요. 그것을 쭉 보도록 합시다.

〈런・스텝〉
(크로스오버・스케이팅)
프리・스케이팅에서는 양발을 서로 바꾸어 사용하면서 활주하는 장면이 꽤 있읍니다. 이것을 스텝이라고 총칭합니다. 이 가운데, 스피드 활주로 스피드・스케이트의 커브・워크와 같이 움직여 가는 것이 런・스텝(보통 런이라함)입니다.

〈댄스・스텝〉
음악의 리듬에 맞추어 걸음을 걷는 것을 말합니다. 댄스를 빙상에 옮겨 놓았다고 생각하면 좋는데, 커브, 턴, 체인지 등을 이용해서 박자와 리듬에 맞추어 발을 바꾸면서 걸어갑니다.

〈점프〉
공중으로 뛰어오르는 것을 말하며, 회전을 동반한 것, 동반하지 않은 것 등이 있읍니다. 어떤 종류의 점프라도, 먼저 어떤 커브를 활주하고, 그것

● 해밀턴의 런・스텝. 그는 그 초인적의 빠르기의 화트・워크와 샤프한 에지 사용으로 활약했다.

● 티파니·칭(미국)의 점프. 공중에서의 이상적인 회전자세

● 스피드감이 넘치는 스프레트·이글

● 몸을 옆으로 눕히면서 변형시킨 프라잉·카멜·스핑

● 다이나믹한 알렉산드 · 화디프 (소련) 의 버터플라이 점프.

● 안나컨드라슈와 (소련) 의 그림을 그린 것 같은 아름다운 스파이럴

● 흐르는 듯한 아름다운 라인을 만들고 있는 레이백 · 스핑

을 이용해서 토우로 걸음을 멈춘 뒤, 착빙 후에 또한 어떤 커브를 돌고, 다른 요소로 옮기는 것을 말하는 것입니다.
 활주방향, 다리, 에지별로 여러가지 종류로 나누어집니다(뒤에 상술함).

〈스핑〉
 점프의 경우에는 회전을 동반하는 점프라도 착빙 지점이 뛰어오른 지점과 꽤 떨어집니다.
 하지만 스핑은 같은 회전이라도 일정 지점에서 극히 작은 원을 그리고, 거기에다 격심하게 몇회씩 회전을 합니다.
 조금 어렵게 말하자면 팽이가 도는 것처럼 몸의 중심선을 축으로 해서 회전합니다. 선 자세, 웅크린 자세 등 몇가지 종류가 있읍니다 (뒤에 자세히 설명함).
 이 외에 특수한 활주에 스파이럴, 스프레트·이글, 점프의 일종인 버터플라이 등이 있읍니다.

## ☐ 쇼트·프로그램

 쇼트·프로그램은 프리·스케이팅의 일종으로, 프리를 '짧게 한 프로그램'이라고 하는 정도의 의미입니다. 이 경기에서는 체조의 규정에서처럼 전 선수가 같은 요소(말하자면 '기술'을 말함)를 연기합니다. 먼저 7개의 요소를 한 조로 해서 4개의 그룹으로 정해두고, 시즌에 따라 그 그룹 가운데서 어떤 것을 경기대회에서 사용합니다. 7개의 요소라고 하는 것은 어느 그룹에서도 다음에 말하는 것부터 성립하고 있읍니다.
 ① 2회전 점프 = 2종류(혹은 2회전 반인 더블·액셀)
 ② 컨비네이션·점프 = 1종류(2회전 이상의 연속 점프)
 ③ 스핑 = 3종류
 ④ 스텝·시크엔스 = 1종류(일련의 활주)

# □ 초보적 요소의 연습

### ▶ 크로스오버・스케이팅 (전진)

보통 런(달리기)이라고 불려지는 이 활주법은 양발을 서로 사용해가며 바꾸어가는 방법입니다.

그러나 스피드・스케이팅의 커브・워크와 같이 빠른 속도로 전체적인 커다란 곡선을 그리기 때문에, 직선 활주와는 다른 방법이 필요합니다.

결국, 회전해 가는 쪽(왼쪽)에 몸의 중심을 기울게 하고, 왼발 아웃 에지로 얼음을 오른쪽 옆으로 뉘여서, 결국에는 오른발을 왼발 앞에 교차시켜, 오른발 인・에지로 얼음을 오른쪽 옆으로 뉘이게 하는 —이것을 반복해 갑니다.

그러니까 오른쪽에 오른쪽 얼음을 미는 힘에 의해서, 왼쪽의 회전력을 얻어가는 결과가 되는 것이지요.

이 다음에 나오는 백(후진)의 경우도 같은데, 크로스・오버에서는 스트로킹 때와 같이 무릎이 굽혀져서 상체가 상하 운동을 일으켜서는 안됩니다.

달리고 있는 발의 무릎은 일정한 굽히기를 유지하면서, 상하운동이 되지 않도록 주의하십시오.

● 무드가 넘치는 스케이팅을 연출한 올가・프로친스카/ 알렉산드・스비닝 (소련)

■크로스・오버・스케이팅(전진)
① 양발을 가지런히 모아 양무릎을 굽힌다. 상반신은 왼쪽으로 비틀고, 왼팔은 뒤로, 오른팔은 앞으로.
② 왼발로 얼음을 밀어젖히는 순간.
③ 왼발로 얼음을 밀어낸 순간(양발 모두 얼음을 미는 방향은 옆쪽).
②′ ②의 옆모습.
③′ ③의 옆모습.

❶

❷

❷'

❸

❸'

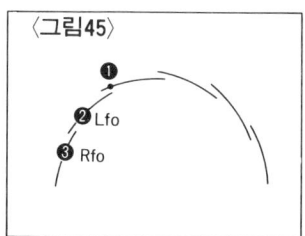

〈그림45〉

■나쁜 예　　　　　　　　　　　　　　　　　　　　　E 7
Ⓐ 허리가 나와서 양발로 미끄러져 간다.
Ⓑ는 ②, Ⓒ는 ③'의 나쁜 예.
　얼음을 미는 방향이 옆이 아니고 뒤쪽이 되면, 이 사진처럼 토우·푸쉬(발끝으로 누름)가 되어, 그때마다 동작이 끊어져 버려서 자연스러운 흐름을 잃게 된다.

▶ 크로스오버·스케이팅(후진)

이것도 거의 전진의 경우와 비슷한 방식입니다. 좌회전(시계바늘 반대방향)에서는 오른발을 아웃, 왼발을 인의 에지로 사용해서 활주합니다.

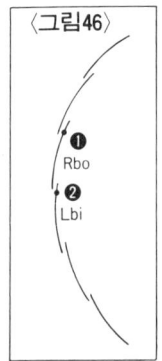

〈그림46〉

■ 크로스·오버·스
케이팅(후진)

① 백워드·아웃사이드
·서클과 같은 요령으로
얼음을 민다. 얼굴은 전
진 방향을 보도록 한다.
② ①을 행할 때 오른
쪽 무릎을 뻗지 않도록
하고, 왼발을 오른발 앞
에 교차시키고, 오른발의
아웃·에지로 얼음을 민
다.
①′ ①의 옆모습
②′ ②의 옆모습

■나쁜 예

Ⓐ ①′의 나쁜 예. 백을 할
때 앞에 교차시키고 있던 발을
얼음에서 높이 떨어지게 해서
는 안된다.
Ⓑ 사진과 같이 허리를 빼서
는 안된다.

▶ 모호크·턴

모호크라고 불려지는 것은 턴을 함과 동시에 스텝을 하는 것을 말합니다.
이것은 일정한 커브를 활주하고 있는 동안에, 발을 바꾸어 몸의 방향을 반
대로 해서 (전진→후진, 또는 그 반대) 커브를 계속하는 것입니다. 발과 몸
의 방향이 바뀌지만 사용하는 에지는 바뀌지 않습니다 (아웃 → 아웃, 인
→인). 하는 사람에 따라서 여러 가지 방법이 있는데, 본래, 아이스·댄스
의 대표적인 턴(스텝)의 하나이며, 여기에서 보여드리는 것은 포워드·인
사이드·오픈·모호크(포·인)의 가장 쉽고, 싱글·프리의 가운데서도 스텝
으로서 혹은 점프와 스핀을 도와주는 한 부분으로서 빈번히 활용되고 있습
니다. 사진으로 보여드린 것은 오른발 포·인(Rfi)에서 왼발 백·인 (Lbi)으
로 옮겨가는 예입니다.

■ 모호크 · 턴

① 왼팔을 완전히 빼서 포·인으로,
② 그대로 프리·풋(왼발)을 사진에서 처럼 세운다. 프리·풋의 발끝은 직각 방향을 향하게 한다. 이 자세가 모호크·턴을 하는 준비자세이다. 이 다음에 바로 왼발을 또다시 벌려서,
③ 왼발의 백·인에 체중을 옮긴다. 오른팔은 완전히 뒤로 빼서 체인지 한다.

〈그림47〉 Lbi ③ ② ❶ Rfi

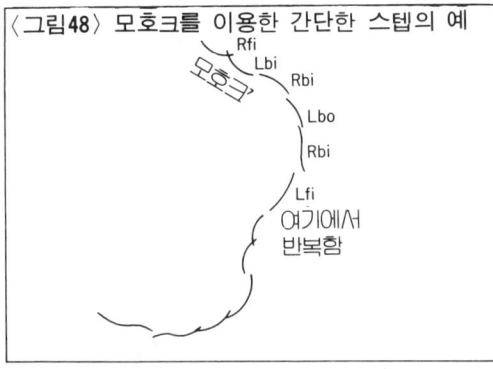

〈그림48〉 모호크를 이용한 간단한 스텝의 예

▶ 왈츠·스텝

왈츠 템포로 쓰리·턴을 반복합니다.

또, 점프를 한다든지, 스핑을 돈다든지 하기 전에 빈번히 사용되는 스텝입니다.

굉장히 간단하게 보이지만 스피드가 붙게 되면 굉장히 어려워집니다. 따라서 충분히 연습을 반복할 필요가 있읍니다.

지금까지 컨버서리에서부터 프리를 통해서 스트로킹(직선 활주), 크로스 오버·스케이팅(곡선 활주), 모호크·왈츠·스텝을 연습해 왔읍니다. 바꾸어 말하자면 초보적인 간단한 스텝을 한번 몸에 익힌 셈이지요. 이것까지 된다면 빙상을 자유로이 앞으로 또는 뒤로 활주할 수 있읍니다.

그러면 지금부터 스핑과 점프의 연습으로 들어가겠는데, 연습에 있어서 하나의 중대한 문제가 있읍니다. 그것은 스핑, 점프의 회전 방향을 어느쪽으로 할 것인가(시계바늘의 방향인가, 반대방향인가)라고 하는 것입니다.

컨버서리의 경우는 전원이 좌·우 똑같은 식으로 활주하는 것이 요구되고 있지만, 프리·스케이팅의 경우는 그 필요는 없읍니다.

자기가 하기 쉬운 대로 연습을 하면 좋읍니다. 물론 양쪽이 가능한 사람

● 공중에서 멋진 프라잉·쇼트·스핑을 하고 있는 모습

*130*

은 양쪽으로 다 해보아도 좋고, 한쪽만 가능한 사람 보다는 풍부함이 있으니까 더 좋은 것은 확실하지요. 처음은 한쪽 방향만이라도 확실히 집중해서 해보도록 하십시오.

회전 방향을 정하는 시점에서 알아 두지 않으면 안되는 것은, 스핑과 점프가 동일 방향이 아니면 굉장히 나쁜 경우가 생긴다고 하는 점입니다. 그것은 예를들면, 점프·스핑(프라잉·쇼트·스핑) 등은 동일 방향이 아니면 그 기술이 가능하지 않기 때문입니다.

어느쪽이 자연스럽게 회전이 되는가.

어느쪽의 발이 움직이기 쉬운가에 이르기까지 양쪽 방향을 연습해 보는

것이 하나의 방법입니다다만, 저의 의견으로는 육상 점프(달리는 폭 정도의 높이)를 할 때와 같은 보조로 해보는 것이 좋다고 생각합니다.
 따라서 왼발이 쉬운 사람은 시계바늘과 반대 방향, 오른발이 쉬운 사람은 시계 바늘 방향으로 회전하도록 하십시오.여기에서는 시계의바늘과 반대 방향으로 회전하는 사람이 압도적으로 많기 때문에, 그 방향으로 설명을 진행해 나가도록 하겠읍니다. 이와 반대인 사람은 이 책의 설명의 좌·우를 반대로 생각하도록 해 주십시오.

❺

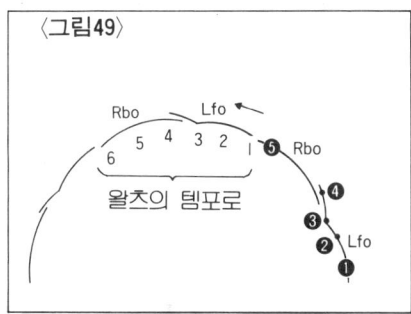

〈그림49〉

■ 왈츠 · 스텝
① 포어 · 아웃에서 활주하기 시작.
② 프리 · 레그를 스케이팅 · 레그의 옆으로 붙인다.
③ 턴.
④ 백 · 아웃의 차기를 하여,
⑤ 프리 · 레그를 뒤로 당긴다.

## □ 스핑

 스핑에서 가장 어렵고 또 중요한 것은 스핑으로 들어가는 방법입니다. 스핑을 하는 장소는 원의 중심입니다.
 또 그렇다고 해서 물론 그 때문에 원이 그려지는 것은 아닙니다. 이미 정해 놓은 원의 바깥쪽에서 각종 커브 활주로 커다란 호에서 작은 호로 나선형을 그리면서, 원의 중심으로 들어가는 것입니다. 그리고 마지막으로 작은 쓰리 턴을 하고,턴의 직후부터 회전을 시작합니다.

이와 같이 하지않으면 스핑이 원심력(회전을 하는 사람을 바깥으로 끌어 당기는 힘)에 못이겨 트레이스가 옆으로 비껴 나가서, 한 발로 밸런스를 잡을 수 없기 때문입니다.

스핑은 발 끝으로 서서 회전하는 것처럼 생각하기 쉽지만 그렇지는 않고, 쓰리·턴 후의 백·인 에지로 활주를 계속하는 것입니다 (백·스크러치·스핑을 뺀다). 스핑이 시작되면 상반신을 곧바로 해서, 양손과 프리·레그의 힘을 뺍니다.

그렇게 하면 몸의 밸런스가 유지되고, 축이 잡히기 때문에, 손과 프리·레그를 몸에 붙여서 회전의 핀치를 빠르게 합니다. 회전을 멈출 때는 양손을 벌립니다.

눈은 뜬 채입니다. 감아서는 안됩니다. 똑바로 앞 쪽을 봅니다. 물론, 일점을 보는 것이 아니라, 주위의 물건이 주마등 처럼 빙글빙글 지나가게 보이면 아주 좋읍니다. 심하게 돌기 시작했다면, 숨을 들이 마신다거나, 내쉬지 말고 호흡을 멈추고 꾹 참읍니다.

▶ 양발 스핑

처음에 스핑을 연습하는 하나의 단계로서, 먼저 양발로 회전하는 것을 기억합니다. 그 다음으로 도중에 한쪽 발이 되어 한쪽 발도 회전 감각을 익힙니다. 그리고 원·풋·스핑(한발 스핑)으로 나아갑니다.

이 단계에서는, 양 팔을 벌려서 돌아오게 한다는 것은, 그만큼 중대하게 여기지 않고 도는 것만 신경을 집중시키기 때문에, 거의 대부분의 스케이터

❶

❷

■양발 스핑
① 발을 조금 벌리고 선다.
② 양팔을 크게 오른쪽으로 돌려서,
③ 그 양팔을 세게 원래의 위치로 돌아오게 한다. 이 팔의 반동을 이용해서 몸이 회전 운동을 시작한다. 이 ① ② ③을 반복 연습한다. 언제라도 1, 2 회전하게 되면 그 다음으로,

④ 팔의 동작과 조금 오른발의 뒷 꿈치로 얼음을 밀어서 회전을 중지시킨다. 미는 방법은 양발 백·스케이팅때와 반대의 느낌으로, 하지만 왼발을 사용하지 말 것.

⑤ 여기에서는 ③의 때 보다도 양발을 좀 작게 벌린다.

⑥ 그리고 밸런스를 잡아서 회전을 시작하면 양팔을 사진과 같이 가슴에 댄다. 그렇게 하면 회전은 자연스럽게 빠르게 된다.

⑦ 양 팔을 ⑤의 상태로 돌린다. 그러면 회전운동은 늦어지고, 이윽고는 멈춰지게 된다.

• 회전축을 잘 만들고 있는 카렌·메드슨(카나다)의 크로스·쇼트·스핑

가 중도에 중단해버립니다. 하지만, 이것은 대단한 착오입니다. 능숙해지는 것에 따라 스핑도 빨라지고, 점프도 수회전이 되어갑니다 (스핑도 점프도 회전 원리는 같읍니다).

그 때, 회전을 멈추는 동작이 습관들여지지 않으면, 거의가 실패하기 쉽상입니다. 따라서 이 단계에서 회전 운동을 한 후, 꼭 이 회전을 멈추는 동작을 익히지 않으면 안됩니다.

이상의 연습을 충분히 하고 보기좋게 회전을 할 수 있게 되면, 원·풋·스핑의 준비연습에 들어갑니다.

▶ 스탠드·스핑

스핑에는 ① 선 자세로 도는 것 (스탠드 스핑), ② 웅크린 자세로 도는

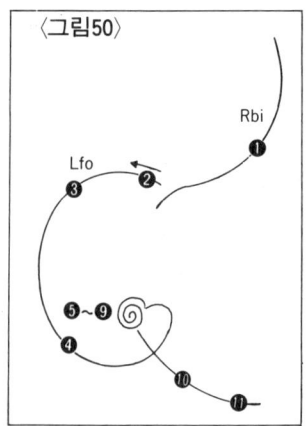

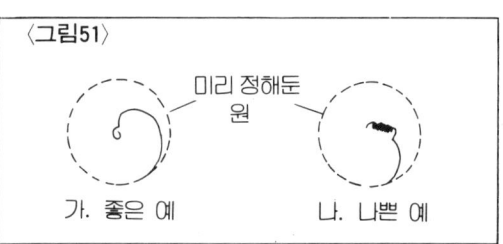

것(시트·스핑), ③ 이들의 발리에이션 등이 있읍니다. ① 의 스탠드·스 핑은, ISU에서는 에뜨라이트·스핑이라고 부르고 있읍니다.

스핑에서 가장 중요한 것은 들어가는 법이라고 이미 말씀드렸읍니다. 이때 사진 설명의 ③④에서와 같이 되지 않으면, 원의 중심으로 들어 가는 호가 조금씩 직선이 됩니다. 그렇게 되면〈그림51〉에서처럼 중심으로 들어가지 않고 스핑이 흘러버립니다.

가의 예에서 처럼 트레이스를 그리기 위해서는, 〈나쁜 예〉 A 처럼 되지 않도록 충분히 시간을 두고 연습하는 것이 필요합니다.

■스탠드·스핑
① 얼굴은 원의 중심쪽으로 보고, 상반신은 강하게 오른쪽으로 비튼다.
② 비튼 몸을 원래로 돌려 스핑으로 들어간다.
③ 무릎과 발목을 완전히 굽혀서 아웃사이드·에지에 태우고, 원의 중심으로 들어 간다.
④ 프리·레그가 크게 바깥쪽으로 휘두르는 것 같은 상태로 돈다.
⑤ 프리·레그가 옆으로 오는 것과 동시에, 포·아웃의 쓰리·턴이 시작된다. 이때 브레드의 가장 앞에 있는 토우가 조금 얼음에서 긁힐 정도로 앞으로 낸다.
⑥ 쓰리·턴이 끝난 뒤 프리·레그가 앞으로 나온다. 스케이팅·레그의 무릎은 가볍게 펴져 있다.

❺

❹

❽

❼   ❻

⑦ 흐르지 않게끔 한 점에서 회전을 시작하면, 사진과 같이 양손을 가슴에, 프리·레그를 스케이팅·레그의 무릎 안쪽에 가져간다.
⑧ ⑦ 의 옆에서 본 자세
⑨ 양팔을 원래대로 벌려서 회전을 멈추고, 백·아웃으로 발을 바꾸어서,
⑩ 백·아웃으로 활주 시작한다. 이때 스케이팅·레그의 무릎이 완전히 굽어있지 않으면 밸런스를 잡을 수 없다.
⑪ 최후로 굽혀져 있던 스케이팅·레그의 무릎을 편다.

■나쁜 예
Ⓐ③을 할 때 허리가 나와서 프리·풋이 빙상에 미끄러져 있는 상태. 여기에서는 나선형의 중심까지 들어갈 수 없고 스핑이 흘러버린다.
Ⓑ⑦⑧을 행할 때, 프리·풋이 스케이팅·레그의 무릎 부분에 오지않고 뒷부분에 있다.

▶ 쇼트·스핑

이것은 이 책에서도 먼저 소개드렸던, 프리의 '생산자' 잭슨·헤인즈의 고안에 의한 것으로, 허리를 떨어뜨려서 웅크린 것처럼 되는 스핑입니다.
여기에서 설명하는 것은 스탠드·스핑과 같은 요령으로 활주해 들어가기 시작하는 것인데, 이 외에 액셀·쇼트에서 처럼 점프에서 스핑으로 들어가는 것도 있읍니다.

■쇼트 · 스핑
① ② ③ 스탠드 · 스핑과 같다.
④ 스탠드 · 스핑에서처럼 서지 않고, 조금 스케이팅·레그의 무릎을 굽히기 시작한다.

❶

❷

❹

❸

⑤ 앉기 시작한 찰라. 프리·레그는 무릎을 바깥쪽으로 가볍게 굽히고, 사진과 같은 형태로 앞에 위치한다.
⑥ 팔을 벌리면서 서 간다.
⑦ 스탠드·스핑의 예 ⑥으로 돌아간다.

❺

❻

❼

■나쁜 예
스케이팅·레그의 무릎이 조금도 구부러지지 않도록, 상체만을 앞으로 내밀고

있다. 이 외에 주의를 구하는 것은 앉았을 때(사진 ⑤⑥), 프리·레그의 발끝이 안 쪽으로 향하지 않게 할 것.
앉아 가는 때(④) 브레드의 타는 장소를 이동시키지 말것.

▶ 백·스크러치·스핑

스탠드·스핑의 한 종류입니다. 이 스핑의 회전 방향은 지금까지 말씀드린것과 같은데, 활주하고 있는 발이 반대가 되는 점이 다릅니다. 이 스핑은 시트·스핑의 발바꾸기, 캐멜·스핑의 발바꾸기, 프라잉·캐멜·스핑 등의 때에도 필요합니다.

■백·스크러치·스핑
① 왼팔은 앞으로, 오른팔은 뒤로 하고 전진한다.
② ③ 프리·레그를 완전히 원의 중심에 남겨둔다
④ 포·인에서부터 쓰리·턴해서 백·아웃으로 스핑을 시작한다.
⑤⑥ ④의 자세에서, 프리·레그와 양 팔을 몸에 붙여 간다.
⑦ 프리·레그와 팔을 벌려 회전을 멈추고,
⑧ 그대로 같은 발로 백·아웃으로 활주한다.

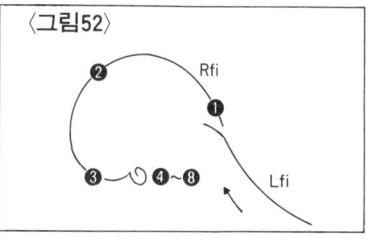

〈그림52〉

❷

❶

140

⑦

⑧

▶ 크로스 · 풋 · 스핀

스탠드 스핀의 한 종류인데, 프리 · 레그를 달리는 발의 앞에 교차시키는 것입니다. 따라서 스핀에 들어가는 방법은 스탠드 · 스핀의 경우와 다름이 없읍니다.

❶

❷

■ 크로스 · 풋 · 스핑
① 스탠드 · 스핑의 ⑥과 같다.
② 프리 · 레그는 무릎을 깊이 구부리고, 스케이팅 · 레그와 교차한다.
③ 양손을 가슴 부분으로 가져온다.

④ 프리·풋을 스케이팅·레그에 나란히 한다.
⑤ 마지막으로 양손도 몸에 나란히 한다.
⑥ 스탠드·스핑의 ⑨와 같다.

■나쁜 예
사진 ⑥의 경우 허리가 빠져서, 몸이 구부러져 버린 것. 이 상태로 머리가 흔들려 버리면 회전이 빨라지지 않는다. 스핑의 회전축은 몸의 중심선(머리의 꼭대기에서 빙면에 수직이라는 선)인 것을 잊어선 안된다.

▶ 캬멜·스핑

이것은 아라베스크라고 불려지고 있읍니다. 캬멜이라는 것은 낙타를 일컫는 말이지요. 이 스핑은 상반신과 프리·레그를 수평으로 뻗어 활주하는 것으로, 달리는 발의 상태에서 말하자면, 스탠드·스핑의 변형이 됩니다. 이 형태가 다른 사람의 눈에는 캬멜과 비슷하게 보이기 때문일까, 간단하게

❶

❷

144

'T'자 형태라고도 불려지는 쪽이 더 쉬울는지도 모르겠읍니다.
들어가는 방법은 스탠드·스핑과 같읍니다만, 몸이 앞으로 기울어진 채로 쓰리·턴을 합니다.

■카멜·스핑
① 스탠드·스핑 ③과 같다.
② 지금까지 연습해 온 스핑에는, 이 시점에서 프리·레그가 앞으로 나오는데, 카멜·스핑에서는 뒤쪽으로 완전히 머물러 두지 않으면 안된다.
③ 쓰리·턴이 끝나고 스핑으로 들어가려는 것. 상체를 앞으로 기울게 해서 프리·레그를 높이 쳐들어 'T'자 모양이 되게 한다.
④ 상체는 ③과 같지만 스케이팅·레그를 뽑는다.

⑤ 캬멜의 자세가 끝나면, 스탠드·스 핑 ⑥의 자세로 돌아온다.
⑥ 이하 스탠드·스핑과 같다.

■나쁜 예
Ⓐ 스핑에 들어갈 때, 프리·레그가 옆으로 온다. 이 상태에서 체중이 몸의 오른쪽으로 가버렸기 때문에 스핑을 할 때 그려지는 원이 커져 버려서 드디어는 밸런스를 잃게 된다.
Ⓑ 등이 구부려져 프리·레그가 충분히 올라가지 않는다. 말하자면 '박쥐 우산' 처럼 되어버리므로 금물.

 이상의 외에도 아직 스핑의 종류는 있읍니다. 하지만 예를 들어 변형 스핑 (스탠드·스핑의 일종으로 양손을 돌리면서 허리에서 머리 위로 올리는 인백이라고도 말하는것) 이나 프라잉·캬멜 (날아들어가 캬멜이 되는 모양) 과 같이 그 대부분이 지금까지 말씀드린 것의 변형입니다.
 먼저 이것만 충분히 생각해서 연습하고 나중에 점프의 연습으로 옮기도록 하십시오.

## □ 점프

 점프는 말할 것도 없이 빙면에서 뛰어오르는 것으로 회전을 동반한 것, 회전하지 않는 것으로 크게 나뉘고, 또, 회전에도 1/2회전, 1회전, 1회전 반등 여러가지 종류가 있으며, 현재는 3회전에서 3회전 반까지 회전할수 있게 되어 4회전에 도전하는 선수까지 나타나고 있읍니다.
 프리·레그를 장식하는 중요한 요소인데, 호쾌할 뿐만 아니라 우아함을 겸비하지 않으면 안됩니다. 거기에 또한 육상에서의 높이 뛰기처럼 단지 높이 뛰는 것도 좋은 것이지만, 달리는 폭만큼 거리가 잘 나오면 좋다고 하는 것만은 아닙니다.

높이와 폭(거리)의 균형이 필요합니다. 그것이 또한 호쾌함과 우아함을 낳는 결과가 됩니다.

연습에 들어가기 전에 또 하나 점프에 공통되는 문제점, 자신을 가지라는 점을 말씀드리고 싶읍니다.

▶ 점프를 하기 위해서

점프는 결코 힘만으로 뛰는 것이 아닙니다. 힘도 물론 필요하지만 그것보다도 먼저 전체의 움직임과 타이밍이 포인트라고 할 수 있읍니다.

왜냐하면, 스케이트는 활주해도(물론 엄밀한 의미로는, 일단 멈춘 상태이지만)육상의 경우와 조건이 동일하지 않기 때문입니다.

뛰어 오르는 힘을 가장 잘 내기 위해서는 무릎에 힘이 필요하지만, 무릎과 발의 탄력만으로는 잘 뛰어 올라가지 않읍니다.

복근, 등근, 팔의 힘 등도 모두가 뛰어오르면 '협조'해야 되기 때문입니다.

발과 손의 움직이는 타이밍이 전혀 맞지 않으면 좋은 점프는 만들어지지 않읍니다.

또 하나 중요한 것은 스피드를 잃지 않도록 하는 점입니다. 그러니까 결

---

〈세계 선수권 5 류의 연승 횟수〉

세계 선수권 남자 싱글에서는 5 연승을 2 번 기록한 울리히·쎌코(스웨덴)의 10회가 최고. 뒤이어 칼·세이퍼(오스트리아)의 7회(7 연승). 여자 싱글에서는 소냐·헤니(노르웨이)의 10회 (10연승)가 톱이다.

동계 올림픽의 우승에 맞춘 총 타이틀 수는, 남자가 쎌코(10), 세이퍼(9), 리챠드·뺀텀(7, 미국)의 순.

여자는 헤니의 13회가 단연 톱이다. 그 다음에 프랭크·서보 (오스트리아)와 캐롤·헤이스(미국)의 6 회. 서보는 페어로도 2 회 우승했고, 합계 8 개의 타이틀을 가지고 있읍니다.

페어에서는 로드리나(소련)가 올림픽과 세계선수권을 합해서 13개의 금메달을 땄고, 2 위는 류도미러·베르소/오레그·프로포프(소련)의 6 개입니다.

• 헤밀턴의 정확무비한 안정된 스프릿트·점프

국 점프를 도와주는 스피드를 만들어 낸다는 의미 뿐만 아니라 (타이밍이 나쁘면 스피드가 죽는다), 착빙에서 곧바로 활주로 옮겨가는 스피드도 잃어버려서는 안된다는 뜻입니다.

뛴다고 하는 것은 앞으로 나아가는 힘을 위로 올라가는 힘으로 바꾼다고도 말할 수 있겠읍니다. 하지만, 앞부분에서도 말씀드렸다시피 스케이터의 점프는 높이 뛰기와 달리는 폭의 '좋은 조화'를 원하는 것이므로 앞으로 나아가는 힘을 완전히 죽여버리면 아무것도 되지 않읍니다.

대포의 탄환을 45도 정도의 각도로 발사시킬 때가 가장 멀리 나간다고 하는데, 점프의 경우도 기분상으로는 똑바로 위로 뛰어오르는 것 같지만 정말로는 45도 정도로 올라가는 것이 그것이 가장 높이 뛰어오르는 것입니다.

점프의 회전은 몸의 상반신에서 시작합니다. 하반신(허리)에서 돌아버리면 공중에서 회전이 멈춰버리고 맙니다.

바꾸어 말하면 상반신이 비틀어져서 하반신도 비틀어지게 해보는 것도 좋을 것입니다.

어느 시점에서 회전을 시작하는가를 말로 설명하자면 굉장히 어려운 것인데, 사실상 올라가면서 도는 것이지요. 그러나 내 제자들 중에는 '올라가서부터 회전을 하는 기분으로 뛰어오른다'라고 말하는 사람도 있습니다.

왜냐하면 밑에서부터 회전을 시작하면 높이 올라가지 않기 때문입니다. 그리고 높이 올라가면 올라간 만큼 대공시간이 길어져서 그것만이 다회전의 점프를 가능하게 하는 것이기 때문입니다.

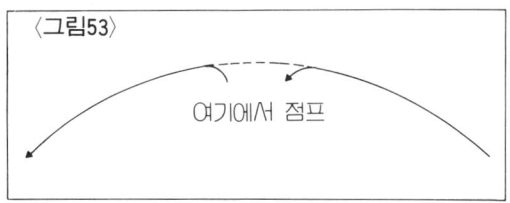

〈그림53〉 여기에서 점프

● 다회전 점프의 착법 직전. 양 팔과 프리·레그를 몸에서 떨어지게 해서 회전을 멈추고 있다.

회전을 수반한 점프에는 착빙 전, 회전의 체크도 잊어서는 안됩니다. 이것은 예를 들면, 1회전 점프로 꼭 360도 돌면 착빙에는 너무 돌아진 상태가 됩니다. 물론, 종류에 따라서 예외도 있습니다만, 대부분의 점프는 커브와 커브의 사이에서 뛰어 올라 회전하는 (따라서 그 사이를 연결시키면 같은 커브가 만들어짐)것이기 때문에, 너무 돌아버리는 것과 착빙후의 커브에 바르게 연결되지 않는 것입니다.

약 1/8정도 조금 돌게 되면 정확하게 원하던 지점이 됩니다.

점프는 착빙하는 발, 에지 별로 인해 몇개의 조류(부르는 이름)가 있읍니다.

그 가운데는 썰코라든가 액셀・바울젠과 같이 고안한 사람의 이름이 붙어있는 것도 있습니다.

이들 주요한 것 대부분은, ISU의 규정집에 일람표로서 게재되어 있고, 훠터(난이도를 나타내는 계수, 1~8까지의 단계가 있다)가 붙어 있습니다.

동일 종류의 점프라도 1회전만이 아니라 2회, 3회를 도는 것도 있으므로 다회전은 1회전의 응용으로, 이하의 설명에는 이와 같은 점프의 경우는 1회전을 기준으로 말씀드리도록 하겠읍니다.

### ▶ 버니・홉

점프의 기본 요령은 운동화를 신고 육상에서 뛰어오른다고도 생각해도 좋

■ 버니・홉

① 오른발로 강하게 얼음을 밀고 홉을 하기 위해서 스케이팅・레그의 발목과 무릎을 깊숙히 구부린다. 왼팔은 뒤로 오른팔은 앞으로. 이 때의 오른발 바꾸기는 직선에 미끄러지기 때문에 바른 스트로킹과 같이 에지로 밀 수는 없고 발끝으로 민다.

② 오른발을 크게 앞으로 휘둘러 올려, 왼쪽 무릎과 발목의 탄력을 이용해서 홉을 한다. 팔은 ①과 반대.

③ 오른쪽 발끝으로 착빙하고(이 때 발끝에서 착빙시키지 않고 에지부터 착빙하면 오른발이 미끄러져서 넘어지게 된다).
④ 곧바로 왼발로 활주하다. ①과 같은 자세.

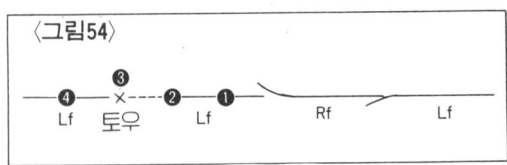
〈그림54〉

고, 사실 맨 처음은 그와 같은 연습도 하는데 빙상에서 가장 처음으로 하려고 한다면 이 버니·홉이 좋을 것입니다.
 이것은 플랫 에지로 직선적으로 전진해서 팔짝 뛰어오르는 것으로, 물론 제로 회전입니다. 웅덩이를 뛰어 넘는 기분으로 뛰면 좋을 것입니다. 이 다음에 연습하는 쓰리·점프의 연습도 됩니다.

▶ 쓰리·점프(왈츠·점프)
 ＝반회전
 쓰리·점프는 포·아웃사이드·에지에서 밟으면서 반회전하고, 반대의 발로 그 발의 백·아웃사이드·에지를 합니다.
 컨버서리에서 배운 쓰리·턴을 기억해 주십시오. 이 점프는 쓰리·턴의 부분을 공중에서 행한다고 생각하면 좋읍니다(그림 55).
 앞에서도 말했다시피 점프는 크고 호쾌하게 그리고 밸런스가 잡힌 아름다움이 요구됩니다. 갑자기 단독으로 행하는 것이 아니라, 꼭 그것을 위한 보조 활주(예비 활주)가 필요합니다.

물론 쓰리·점프에서도 예외가 아닙니다.

따라서 보통, 쓰리·점프를 할 때는 크로스·오버·스케이팅(런) 등으로 충분히 스피드를 붙이고 모호크를 해서 백·아웃으로 활주하며, 거기에서 반대 발의 포·아웃이 되어 밟아가는 것입니다. 이와 같은 사전의 활주는 점프의 성패에 커다란 영향을 주기 때문에 중요성을 충분히 이해해서 연습하지 않으면 안됩니다.

■쓰리·점프
① ② 모호크·턴
③ 백 아웃사이드·에지로 탄 무릎을 구부린다.
④ 무릎을 펴 프리·레그를 스케이팅·레그에 붙여서,
⑤ 포·아웃사이드로 활주 시작한다.
⑥ 프리·레그를 마치 공을 차는 것처럼 차올리고, 양팔도 몸을 높이 들어 올리는 식으로 올려서 이 두 동작이 왼발의 발걸음과 타이밍이 맞도록 한다.
⑦ 공중 자세. 체중이 걷는 발에서 착빙하는 발에 이동해가는 도중.
⑧ 착빙. 발끝으로 착빙해서 다음 순간, 백·아웃사이드의 에지가 되게 한다( 모든 백에서 착빙은 이것과 동일).

〈그림55〉

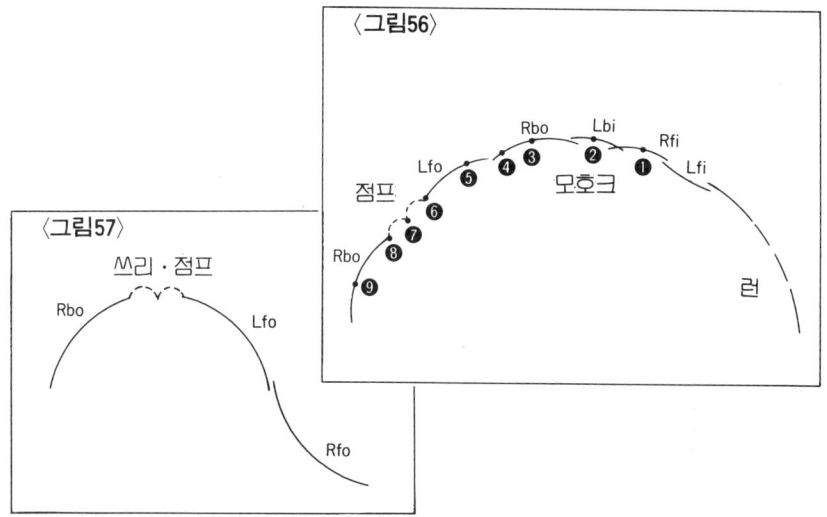

이것으로 쓰리·점프의 설명이 대충 끝났다고 생각하는데, 처음에 연습할 때는 다음 방법으로 행하도록 하십시오 (그림 57).

즉 오른발의 포·아웃으로 활주하고, 서클과 같은 발바꾸기의 직후 자세 (왼팔은 앞, 오른팔은 뒤)로 발을 바꾸고, 앞에서 말한 사진 ⑤ 의 자세가 되게 합니다.

이 때 특히 주의하지 않으면 안될 것은 오른쪽 어깨가 앞으로 나오게 하지 말것. 이 단계에서는 그다지 스피드를 내지 않도록 하는 요령으로 기억하도록 합니다. 사진 ⑧의 착빙을 할 때 팔과 프리·레그를 완전히 체인지 하는 것이 습관들여지지 않으면, 더블·점프 등 회전이 많은 점프를 하게 될 때는, 회전을 멈추고 매끄럽게 내릴 수가 없습니다.

얼굴은 똑바로 앞을 처다보도록 합니다.

### ▶ 썰코·점프 = 1 회전

썰코·점프는 백·인으로 시작해서, 1 회전 해서 반대 발의 백·아웃으로 끝나는 것입니다.

썰코·점프로 들어가는 방법은, 〈그림59〉에서 보여준 모호크에서의 방법과 포·아웃에서 쓰리·턴해서 백·인이 되어 시행한 방법이 있읍니다 〈그림 59〉.

쓰리·턴의 방법에서도 턴이 끝나는 자세가 앞의 사진 ②와 같으며, 그 이후는 모두 같은 요령입니다.

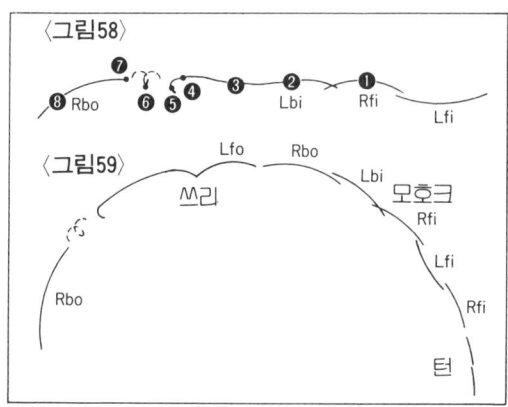

■썰코·점프
①② 모호크·턴. ②의 때 오른팔, 오른발을 완전히 체인지 할 것.
③④ 오른발과 프리·레그가 왼쪽으로 회전해서,
⑤ 시작
⑥ 공중자세 } 쓰리·점프의 때와
⑦⑧ 착빙 } 같은 감각

❷

❶

❹

❸

■좋은 예
사진 ④ 의 시작 때의 좋은 예. 체중이 왼발에 실려 있다.

■나쁜 예
체중이 왼발에서 떨어져서 있다. 이 상태로 얼음에선 로우·피크로 서면, 스핑이 멈추어져서 높이 뛰어 오르질 못한다.

▶ 더블·썰코

쓰리·점프와 같이 반회전으로 정해진 점프도 있읍니다만, 다른 대부분의 회전을 동반한 점프는 같은 종류의 점프로 2회전(더블·점프, 또는 단순히 더블), 3회전(트리플)등이 있읍니다. 거기에서 하나의 예로서 썰코·점프의 2회전을 들어 보도록 하겠읍니다.

시작하기까지는 1회전과 같은 식입니다만, 뛰어오르면서 부터는 액셀(1회전 반, 2회전 반, 3회전 반을 가르킴)과 같은 자세가 됩니다. 따라서 싱글의 경우는 쓰리·점프, 더블의 경우는 액셀·점프를 뛴다는 감각으로 행하면 좋을 것입니다.

❶

❷

*157*

❸

❹

⑤ ⑥

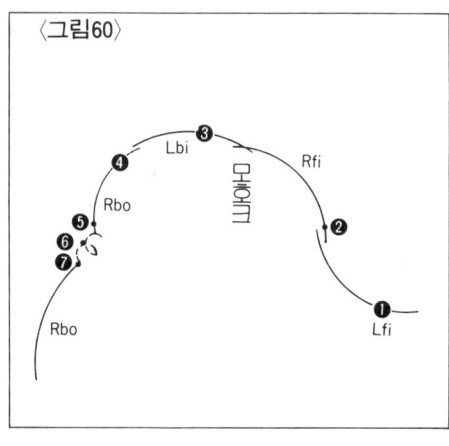

〈그림60〉

▶ 루프·점프 = 1 회전

　루프·점프는 백·아웃에서 시작해서 1회전 하고, 시작하면 같은 발의 같은 에지로 착빙, 그대로 백·아웃으로 활주하는 것입니다.
　루프·점프도 썰코와 같이 쓰리·턴에서 들어오는 것이 가능합니다.
　쓰리·턴이 끝난 자세가 ③과 같아지면 같은 것입니다.

■루프·점프
① 오른팔을 뒤로 빼서, 프리·레그를 앞으로 하고 포·인의 커브에 들어간다.
②③ 모호크. ③의 경우에서 오른팔, 오른발을 뒤로 체인지 할 것.
④ 오른발에 옮겨서 오른 무릎을 깊숙히 구부리고, 프리·레그(왼발)의 발끝을 바깥쪽으로 향하게 해서 스케이팅·레그(오른발)의 앞에 놓고, 상반신을 왼쪽으로 회전시키기 시작해서,
⑤ 시작.
⑥ 공중자세. 이 때도 프리·레그(왼발)가 스케이팅·레그(오른발)의 앞에 온다. 이 자세가 다회전 점프(더블, 트리플 등)의 자세가 된다.
⑦ 착빙.

❶

❸

❷

160

❺

❹

❼

❻

■루프·점프의 나쁜 예
뛰어오를 때(사진⑥) 프리
·레그가 앞에 남아 있지 않다.

▶ 토우·루프·점프 = 1 회전

이 점프는 루프·점프와 마찬가지로 백·아웃에서부터 뛰어 올라 같은 발의 백·아웃이 되는 것인데, 시작할 때는 프리·레그의 토우·빅(톱니 부분)을 사용해서 점프합니다.

❷

❶

■토우·루프·점프
① 오른팔은 뒤로, 프리·레그를 앞으로 내어서 포·인의 커브에 태운다.
②③ 포·인에서 쓰리·턴을 한다.
③ 을 할 때, 스케이팅·레그의 무릎을 굽혀 프리·레그를 뒤로 빼서 오른팔은 뒤로, 왼팔은 앞으로.
④ 프리·레그의 토우·피크를 얼음에 붙이고 뛰어오른다. 토우를 붙이는 방법은 가볍게 얼음을 두드리는 것같은 느낌. 그리고 동작(흐름)이 멈춰지지 않도록 주의할 것.
⑤ 얼음에서 떨어지는 순간.
⑥ 공중자세.
⑦ 착빙(着氷).

▶ 프립·점프(토우·썰코) = 1 회전

프립·점프는 백·인에서 프리·레그의 토우를 사용해서 점프하고, 1회전해서 시작함과 동시에 같은 발을 사용하여 그대로 백·아웃으로 활주하는 것입니다.

여기까지 연습해 온 썰코, 루프, 토우·루프도 1회전 점프였지만, 이들 점프는 뛰어오르기 시작할때 이미 회전이 시작되어버렸기 때문에(지금까지의 그림과 사진을 한번 더 잘 보십시오), 실제 공중에서는 3/4회전 정도 밖에는 되지 않읍니다. 그러나 이 프립과 다음에 연습할 룻·점프는

뛰기 시작하기 전에 회전자세에 들어갈 수 없기 때문에, 공중에서 완전히 1회전하는 것이 필요합니다.

그래서 사진 ⑥에서 알수 있듯이 양팔과 프리·레그를 스핑과 같이 몸에 붙여서, 회전을 빠르게 하고 있읍니다.

그래서 착빙 전에는 ⑦과 같이 반드시 양팔과 프리·레그를 벌어지지 않도록 하십시오.

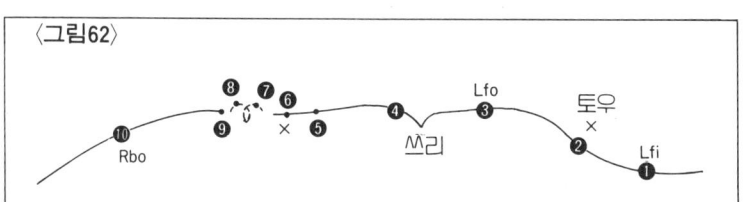

〈그림62〉

■프립·점프
① 왼쪽 포·인으로 활주한다.
② 오른발의 토우로 얼음을 밀면서 왼발의 에지가 인에서 아웃으로
③④ 포·아웃에서 백·인의 쓰리·턴
⑤ 스케이팅·레그의 무릎을 굽혀서 프리·레그를 뒤로 빼고, 오른쪽 팔을 완전히 체인지 한다.
⑥ 토우·루프와 마찬가지 요령으로 토우를 붙인다. 토우는 스케이팅·레그에 붙이지 말고, 사진에서 처럼 뒤쪽에 붙이도록 한다. 또, 이 때 토우를 붙이는 동작에 따라 스케이팅의 흐름이 멈춰지는 일이 일어나지 않도록 주의하지 않으면 안된다.
⑦ 뛰기 시작하는 순간.
⑧ 공중자세. 팔이 가슴 앞으로 모이고, 프리·레그가 스케이팅·레그와 교차해 있는 점에 주의.
⑨ 사진 ⑧에서 가슴 앞으로 모이게 한 양팔과 교차시킨 프리·레그가 떨어져서,
⑩ 착빙.

### ▶ 프립의 초보적인 연습법

이상의 설명에서도 알 수 있듯이, 처음으로 연습하는 경우, 이 점프는 굉장히 어렵고 따라서 공포심도 강하게 일어납니다.

또, 공중에서 보다 많은 회전을 하려고 생각하면, 체공시간(滯空時間)을 길게 하지 않으면 안됩니다. 즉 보다 높이 뛰어오를 필요가 있읍니다.

공포심을 없애는 것과 높이 뛰어오르는것, 이 두가지의 목적을 이루기 위해 맨처음은 회전을 하지 말고 토우를 사용해서 곧바로 높이 뛰어오르는 연습을 하도록 합시다. 사진을 잘 보도록 하십시오.

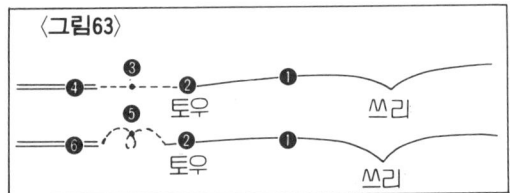

〈그림63〉

■프립의 초보적 연습법

① 쓰리·턴을 끝냈을 때의 모습이다. 스케이팅·레그의 무릎을 굽혀, 프리·레그를 뒤로 빼서 오른쪽 팔을 체인지 한다.

② 토우를 붙여서,

③ 뛰어오른다.

④ 양팔을 완전히 좌우로 벌려, 발목과 무릎을 깊숙이 굽히고 양발로 착빙. 이 연습을 반복해서 점차 높이 뛰어 올라갈 수 있게끔 되면,

⑤⑥ 공중에서 반회전해서 앞을 바라보는 자세가 된다.

❶

167

②

③

168

④

⑤

⑥

▶ 룻·점프 = 1회전

이 점프의 요령은, 앞에서 말한 프립·점프와 똑같읍니다. 프리·레그의 토우로 시작해서 같은 발로 착빙합니다.

단지 점프로 들어가는 방법이 프립의 경우는 백·인사이드·에지로부터

❶

❷

❸

❹

❺

❻

시작하지만, 룻의 경우는 백·아웃사이드·에지에서 시작하게 됩니다.
 그리고 착빙후 활주를 시작하는 커브는 프립과 같이 백·아웃으로서, 점프의 전후에 그려지는 곡선의 방향은 반대방향이 됩니다.

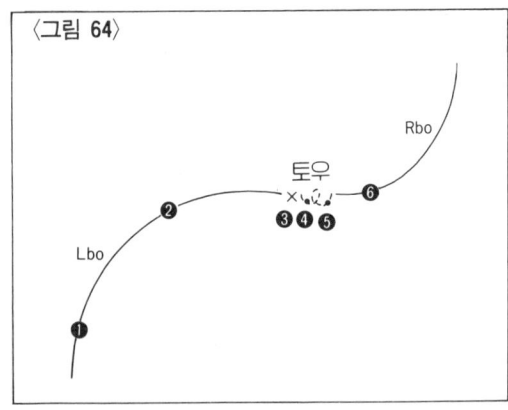
〈그림 64〉

■룻·점프
① 백·크로스 오버에서 왼발의 백·아웃·에지로 옮긴다.
② 프리·레그를 뒤로, 스케이팅·레그의 무릎을 굽히고, 오른팔을 세게 체인지하고,
③ 그 다음은 프립·점프의 ④에서부터와 똑같은 요령이다.

▶ 액셀·바울젠·점프 = 1 회전 반

이 점프는 액셀·바울젠이라고도 하고, 예전의 명선수가 개발한 것으로 그는 이 점프의 착빙을 스파이럴에 연결시켜, 대단히 센세이션을 일으켰다고 합니다.

이것을 스핑에 연결시킨 액셀·쇼트·스핑이라고 부르는 것도 있읍니다. 쓰리·점프와 같이, 포·아웃에서 시작해서 공중에서 1 회전 반하고, 다른 발의 백·아웃으로 내려옵니다. 이것을 단순히 액셀이라고도 부르는데, 또 1 회전을 첨가해서 2 회전 반의 점프는 더블·액셀, 3 회전 반은 트리플·액셀이라고도 부릅니다.

❶

❷

❸

❹

■액셀・바울젠・점프

① → ③ 쓰리・점프와 같은 요령(앞에 낸 프리・레그의 무릎을 굽힌다).
④ 양팔과 들어올린 다리가 몸에 가까이 간다.
⑤ 공중에서 체중을 내리며 오른발에 옮긴다.
⑥ 양팔, 프리・레그를 벌려서 착빙 준비.
⑦ 착빙.

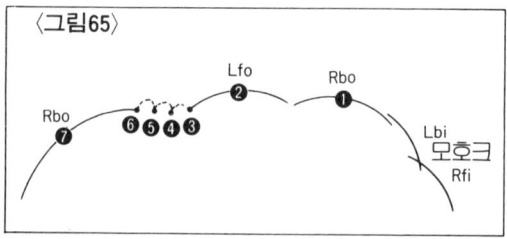

〈그림65〉

173

❺

❻

❼

174

〈싱글과 더블의 비교〉

그러면, 더블·액셀(2회전 반)의 연속 사진을 이용해서 싱글(1회전 반)의 경우와 간단히 비교해 보도록 합시다.

*175*

싱글의 경우나, 더블의 경우나 장면은 ⑤까지 같으며, 사진 ③은 시작할 때, ④반회전, ⑤1회전입니다. ⑥은 싱글에서 1회전 반을 한 상태, 더블에서는 2회전을 한 시점, 또⑦은 싱글에서는 착법입니다만,

⑨

더블에서는 아직 회전 상태이며, 맨 마지막의 반회전 장면입니다.

여기에서 ④⑤를 비교해 봅시다. 같은 반회전과 1회전의 시점입니다만, 싱글쪽은 손과 팔의 사이에 조금 틈새가 있고, 더블의 사진에서는 거의 틈새가 없읍니다. 이 미세한 차이가 1회전 반과 2회전 반의 차이를 만들고 있는 것입니다.

몸의 각 부분을 될수 있는 한 회전축인 몸에 붙이는 것이 회전 스피드를 빠르게 하는 것입니다. 스핑에서 이것을 역설했지만, 이야기는 점프의 경우에서도 마찬가지로 적용되므로 또 말씀드리는 것입니다.

버니·홉을 시작해서 주요한 싱글·점프를 얘기했읍니다. 물론 점프에는 종류대로 여러가지가 있지만(ISU 경기규칙에는 45종이 수록), 그것들은 거의가 이제까지 배운 것의 응용에 속합니다.

물론 회전이 2회전, 3회전으로 진전되는 것도 많을 것이지만, 점프의 방법이 특별히 다른 것은 거의 없읍니다.

액셀·점프를 말씀드리는 부분에서 싱글과 더블을 사진으로 비교했을 때에 아셨던 것과 마찬가지로, 포인트는 회전을 얼마나 빠르게 하는가에 있읍니다.

보다 많은 회전을 공중에서 행하기에는 '보다 높이 뛰어오른다. 보다 세게 팔을 몸에 붙인다' 는 것이 중요하다고 말씀드리면서 얘기는 여기에서 마치도록 하겠읍니다.

# 4 페어·스케이팅과 아이스·댄싱

# PAIR SKATING & ICE DANCING

피겨·스케이팅에는 싱글·스케이트 이외에도 페어·스케이팅과 아이스·댄싱이라고 하는 부문이 있습니다.

음악 반주도 동반이 되며, 한 사람의 남자와 여자가 한 조가 되어 연기를 하는 것인데, 페어의 쪽의 요소로 말하자면 싱글에 가깝고, 댄스는 스텝이 주체입니다. 이렇기 때문에 엄밀하게는 ISU에서는 페어를 싱글과 같이 취급하고, 댄스와는 달리 '피겨·스케이팅 혹은 아이스·댄싱'이라고 부르는 것입니다.

자, 어쨋든간에, 이 두가지의 경기는 구기 종목의 복식 경기와 같이 커플의 호흡이 맞고 기량도 평균이 되지 않으면 좋은 연기를 만들어 낼 수 없읍니다.

그렇기 때문에 부부, 연인, 형제 자매 등으로 조를 짠 페어가 많이 보입니다.

스케이터·그룹 제도가 예로부터 발달해온 구미에서는 이 종류의 경기가 번창해서 레벨도 높은데 반해, 아직 한국에서는 그 다지 잘 되고 있지는 않읍니다.

하지만 사교적 분위기도 진하고, 또 실제로 조를 짜서 활주하는 스케이팅은 싱글과는 또 다른 즐거움이 있읍니다.

하는 사람이 점점 더 많이 나오길 바랍니다.

## ☐ 페어·스케이팅

▶ 페어·스케이팅이란

페어·스케이팅은 간단히 말하면, 남녀가 '협조'해서 하는 프리·스케이팅입니다.

ISU의 경기규칙에는, 제 1 조에 다음과 같이 쓰여져 있읍니다.

'페어·스케이팅은 2사람이 각각 싱글 스케이팅을 하는 것이 아니라, 순수하게 페어·스케이팅을 행하고 있는 인상을 주도록, 조화로운 동작으로 일치해서 활주하는 것이다.'

그러나 이 조화라든가, 일치라든가가 아름다움을 만들어내기 위해서는 남녀 함께 각각 높은 수준의 개인기(솔로·스케이팅)를 지니고 있지 않으면 안됩니다.

●완전히 똑같은 자세로 호흡이 딱 맞는 케이트린·칼자스/피터·칼자스 오누이의 스파이럴

세계선수권과 올림픽에서 금메달을 따는 클라스의 페어·스케이팅은 싱글의 경우에서도 금메달감이라고 말할 정도입니다.

프로그램도 2 사람이 활주를 하기 때문에, 자연히 싱글의 프리와는 달라집니다. 중요한 구성 요소에는 다음과 같은 것이 있읍니다.

▶ 중요한 구성 요소

〈스텝〉

싱글의 프리와 아이스·댄싱에서 사용되어진 것같은 각종 스텝이 응용됩니다. 구체적인 활주법으로서는 미러·스케이팅(거울에 비추는 것같이 2 사람이 동시에 대칭적으로 활주하는 것)과 샤도우 스케이팅(위와

●높이 던진 순간의 페어의 슬로·점프

● 조화로운 페어의 쇼트·스핑

● 남성의 왼손이 완전히 피버트가 되어 두사람 모두 팔이 쭉 뻗은 백·인사이드·스파이럴

같음, 평행적으로 활주)이 있읍니다.

파트너가 평행해서 동시에 행하는 것(솔로·점프)과 여자의 점프를 남자가 보조해서 행하는 것(솔로·점프＝남자가 여자를 놓는 듯한 점프의 의미)이 있읍니다.

〈스핀〉

이것도 서로가 단독으로 회전하는 솔로·스핀과 파트너와 홀드해서 하나의 동작(예를 들면, 캬멜·스핀, 쇼트·스핀 등)을 완성하는 페어·스핀별로 있읍니다.

---

**〈5륜(五輪)의 연승(連勝)〉**

세계선수권은 매년 있는 것이지만 동계 올림픽은 4년에 1번. 따라서 연승 기록이라 해도 놀랄 것은 아닙니다. 이 중에는 여자 싱글의 소냐·헤니의 3연승(28, 32, 36년)과 페어의 이리나·로드리나의 3연승(1972, 76, 80년)이 단연 빛나고 있읍니다.

로드리나의 경우는 파트너의 남자가 72년에는 알렉세이 우리노프, 다음의 2회는 알렉산드·쟈이츠뜨 입니다.

2연승은 남자 싱글에서 그리스·그라슈토름(스웨덴)이 1924년, 28년에, 칼·세이퍼가 1932년, 36년에, 리차드 뱃텀이 1948년, 52년에 각각 기록하고 있읍니다.

여자 싱글에서는 2연승의 예가 없읍니다. 페어에서는 2조가 기록하고 있읍니다. 1928년과 32년에 안드레이·죠리/ 피에르·부르에조(프랑스)가, 1964년과 68년에 류도미러·베르소/ 오레그·프로포프조. 이 브르에는 캐롤·헤이스의 선생입니다.

〈스파이럴〉

스파이럴은 곡선 활주의 일종으로, 활주의 흔적(트레이스)이 둥글게 되는 것을 말합니다. 페어·스케이팅에서 주로 사용되어지는 것은 '데드·스파이럴(죽음의 선)' 입니다. 이것은 남자가 피버트의 자세로 내민 한손에 여자 파트너가 붙잡혀서 들어 누운 상태로 몸을 펴고, 한쪽발의 에지로 남자의 주위를 스파이럴 회전을 하는 것입니다.

단독으로 스파이럴을 행할 때는 대개 캬멜형(싱글의 스핑 참조)으로 가슴과 배를 밑으로 향하게 해서 활주를 합니다. 이와 반대로 페어에서 행하는 데드·스파이럴에는 활주하는 쪽의 여자의 몸의 방향이 반대가 됩니다. 이렇기 때문에 페어의 '데드·스파이럴'과 반대가 되어 싱글에서의 스파이럴을 '라이프·스파이럴'이라고 하는 말이 있읍니다.

〈리푸트〉

데드·스파이럴과 함께 페어의 하일라이트라고도 불려지는 기술입니다. 리푸트라고 하는 것은 '남자가 여자의 몸을 높이 들어올린다'는 것의 총칭입니다. 여자가 점프해서 리푸트 되면, 남자의 머리 위에서 회

● 여성을 떠받치고 있는 남성의 양손이 완전히 뻗어 있는 페어의 리푸트

전(떠받치고 있는 남자도 회전하면서 활주하는 경우가 많다)한 후, 착빙하는 것이 통상적인 패턴입니다.

홀드(남자가 여자를 떠 받치고 있는것)는 손과 손, 손과 팔, 손과 동체의 어느 곳도 해당하고, 여자의 발을 떠받치는 것은 허용되지 않읍니다. 또 남자가 여자의 손 또는 발을 잡고, 공중에서 휘두르는 것같은 스핑 동작은 아크로벅적으로 페어 경기의 취지로 돌아가 위험하기 때문에 금지되고 있읍니다.

또한 리푸트는 홀드한 팔을 완전히 뻗은 형태가 되는 것이 필요하고, 어깨까지 올리지 않는 것은 리푸트라고 하지 않읍니다.

▶ 쇼트·프로그램

페어 경기에는 컨버서리는 없고 쇼트·프로그램과 프리로 진행됩니다. 쇼트·프로그램은 싱글의 경우에서 처럼, 7개의 요소를 한 조로 한 그룹이 4개 있고, 매 시즌, 그 가운데의 어떤 것을 경기 대회에서 사용합니다.

포함된 요소로는 솔로·점프 1, 리푸트 2, 데드·스파이럴 1, 스핑 2, 스텝·시크엔스 1 입니다.

---

〈수명이 길었던 선수〉

장기간에 걸쳐 세계 무대에서 활약했던 선수라고 한다면, 여자는 소냐·헤니, 남자는 울리히·쌀코가 유명합니다. 그러나 그 외에도 수명이 길었던 선수는 있읍니다. 먼저 G·후크스 (독일)가 있다.

이 사람은 1896년의 제1회 세계 선수권에서 우승한 초대 챔피온으로 거의 10년 후인 1906년 재기해서 2번째의 영광을 안았읍니다. 또한 1912년, 13년 연승을 했던 F·캐플러(오스트리아)는 23년에 재기했고, 1922년의 세계 No.1, G· 그라슈토룸은 1924년에도 우승한뒤, 28년의 산모리츠 오륜에서 3번째의 금메달 리스트로 뽑혔읍니다. 페어에는 L·아이런즈, W·야곱슨조(뒤에 결혼, 핀란드)가 1911년 부터 23년까지 4번 왕좌에 올랐읍니다. H·앵글만양 (오스트리아)도 파트너를 바꾸어 1911~24년에 3번 우승하고 있읍니다.

## □ 아이스 댄싱

• 리듬과 스피드를 완벽하게 살리고 있는 진도레·호라/캐롤·홀던(체코)의 멋진 연기

　아이스 댄싱의 인기는 최근 급속히 올라가서 경기대회에 출장하는 커플의 수도 늘어 가는 상태입니다. 싱글에서처럼 긴 세월을 걸쳐 컨버서리—도형을 공부할 필요도 없고, 또 남녀가 조를 짜서 하는 경기라 해도 페어에서처럼 많은 종목의 요소나 기술도 아닙니다. 따라서 한사람만 바른 에지를 사용해서 활주할 수 있는 단계에 이르면 입문은 비교적 용이 합니다. 특히 리듬 감각이 뛰어나고 댄스를 알고 있는 사람이라면 더욱더 빠른 것입니다.
　크고 난뒤 시작하더라도 역시 재미있는 일입니다. 나이를 먹어도 가능하고, 스케이터의 연령층이 가장 넓은 것이 바로 이 아이스 댄싱입니다.
　아이스 댄스는 엄밀한 점에서는 플로어 위에서의 댄스(주로 사교 댄스)와는 다릅니다.
　하지만 한 마디로 말하면, 그것을 얼음 위에 바꾸어 올려 놓는 것이지요. 경기 종목으로서는 ①컨버서리, ②오리지날·셋트·패턴 ③프리의 구별이 있읍니다만, 음악에 맞추어 원칙적으로는 남녀가 떨어지는 것이 아니라, 스텝 활주를 해 가는 것입니다.

▶ 기본 동작
〈포지션〉
　남녀의 짜임새를 포지션이라고 합니다.
　커플이 같은 방향을 향하고서 옆으로 나란히 하고, 손을 가볍게 옆으로 뻗어서 오른손으로 파트너(여성)의 왼손을 잡는 '핸드·인·핸드' 포지션을 비롯해서 '왈츠'(클로즈드) 포지션, '포크스트로트'(오픈) 포지션, ' 탱고' (아웃사이드) 포지션, 크리언·포지션과 그 변형 등이 있읍니다.

〈스텝〉
　보통 스케이팅에서 사용되는 것 외에 댄스 특유의 스텝으로서 '샤세'( 프

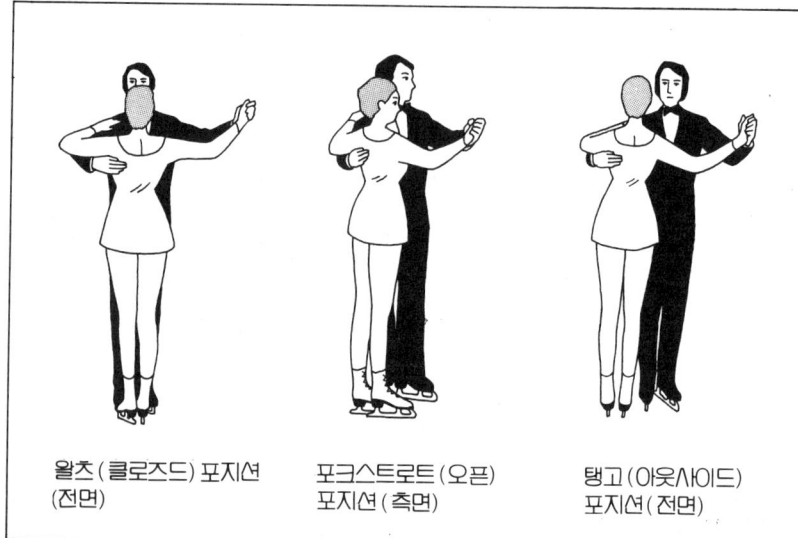

| 왈츠(클로즈드) 포지션 | 포크스트로트(오픈) | 탱고(아웃사이드) |
| (전면) | 포지션(측면) | 포지션(전면) |

리·풋이 다음의 스케이팅·풋이 될 때 맨처음의 스케이팅·풋의 앞쪽에는 내지 않고, 그 옆쪽의 빙상에 내려놓고, 새롭게 프리·풋이 되는 발을 그대로 똑바로 빙상에서 들어올린다.)나 '롤'또는 그 응용 스텝이 주로 이용됩니다. 또, 싱글과 페어의 경우와 마찬가지로 아라베스크(캬멜형의 곡선활주), 스파이럴, 피버트도 사용됩니다.

〈턴〉

턴(방향전환)의 주된 것에는 '모호크·턴'(한쪽 발에서 다른 발로 옮겨갈 때, 아웃→아웃, 또는 인→인과 같이 같은 에지를 사용함)과 '쵸크토우'(위와같음, 아웃→인, 인→아웃과 같이 다른 에지를 사용함)가 있읍니다.

▶ 컨버서리·댄스

댄스 경기의 컨버서리는 싱글의 경우와는 달리 꽤 댄스·스텝으로 행하게 됩니다. 경기대회용으로는 18종의 댄스가 있고, 그 중에서 선택된 3종류를 경기대회에서 사용하게 됩니다.

이들 댄스는 음악의 종류(리듬)과 박자, 템포, 스텝 계열의 도형(댄스·패턴)이 정해져 있고, 각 커플은 하나의 과제 패턴을 2~3회 반복해서 활주하게 됩니다.

크리언포지션(전면)　　역 크리언포지션(전면)

▶ 오리지날·셋트·패턴·댄스

이 댄스에는 리듬, 템포가 허용되는 범위가 비교적 정해져 있고, 구체적인 음악, 스텝의 조립, 턴, 포지션 등은 각 커브가 자유롭게 선택되어져 하나의 작품을 만들어 냅니다. 프로그램 전체는 링크의 반주 혹은 일주를 단위로 해서 만들어지고, 링크 2주로 경기가 진행됩니다. 음악에 보컬(가사나 이야기를 넣는 것)은 허용되지 않고, 홀드(남녀의 조합)를 변화시킬 때 이외에는 원칙적으로 남자와 여자가 떨어지는 것이 불가능합니다.

채점은 싱글과 페어의 쇼트·프로그램과 같은 식으로, 2개의 다른 면(내용과 표현)에서 채점이 되는데, 전자에는 독창성, 후자에는 음악성(음악의 성격의 표현)이 중시됩니다.

▶ 프리·댄싱

프리·댄싱에는 규정되어진 스텝 계열은 없고, 리듬, 템포의 지정도 없습니다.

그렇기 때문에 각 커플은 자신들이 좋아하는 곡으로, 자신들의 개성을 가장 잘 살릴 수 있는 프로그램을 만들 수가 있읍니다.

음악에 관해서 말하자면, 슬로·템포의 것과 패스트·템포의 것을 혼자 해도 괜찮고, 마루 위에서의 프리·댄스, 발레, 재즈, 록 등을 사용해도 상관이 없읍니다.

● 코믹컬한 댄스를 보여주는 나타리나·페스테미아노프/ 안드레이·부킹(소련) 커플

하지만 아무런 제한을 붙이지 않으면, 페어·프리와 성격이 비슷해지기 때문에 경기 규칙으로 몇개의 '금기'를 정해놓고 있읍니다. 중요한 것은 다음의 것입니다.

① 다른 리듬의 음악을 접속시키는 것은 4회 이상은 안된다.
② 파트너와 떨어져서 활주하는 것은 1회 5초 이내로 5회까지.
③ 아라베스크·피버트는 합계 5회까지.
④ 스핀은 3회전을 넘어서는 안된다.
⑤ 리푸트는 남자가 어깨 높이 보다 높이 들어올리지 않고 행하면 5회까지 괜찮다. 단 각 회 1회전 반을 넘지 않을 것.
⑥ 점프는 2사람이 동시에 뛰어오르지 말고, 슬로 점프나 리푸트가 아닌 경우로 1회전을 한도로 하고, 5회까지.
⑦ 발과 방향을 바꾸기 위해서 하는 점프는 반회전을 한도로 해서 5회까지.

● 캐롤·훅크스/ 리챠드·데니(미국)의 아름다운 연기

# 5 알기 쉬운 스케이트 지식

★ 스케이트는 어떻게 발전해 온 것인가, 어떤 기구를 사용해서 미끄러지게 되는 것일까.
★ 일반적 스케이트 기술은 어느 정도인가, 다른 스포츠와 어떤 다른 점이 있는가, 스케이트는 다른 것과 비교해서 어떤 특징을 가지고 있는 것일까, 이런 것들은 활주하기 전에 꼭 알아두어야 할 것입니다.

# 1. 일반적인 스케이트 기술

 이 책에서 말하는 '일반 스케이트 기술'이라고 하는 것은 피겨·스피드·아이스하키의 3가지 전문경기의 기술에 들어가기 전에, 그러니까 단순히 미끄러져 즐길 때까지의 기술을 말합니다.
 그리고 피겨 스케이팅·스피드 스케이팅에 대해 이 일반 스케이팅을 플랜 스케이팅이라고 부르고 있읍니다.
 플랜 스케이팅을 좀더 알기 쉽게 다른 것과 비교해 보면, 예를 들어 육상생활에서 하는 동작으로 어린아기가 서서 아장아장 걸음을 걷고 뒷걸음을 배우고 뜀뛰기를 배우며 또 성장해서 숨바꼭질도 하고 놀이도 하여 삼각베스의 야구를 한다든지 포크댄스를 한다든지 하면서 놀이를 즐기게 됩니다. 그러니까 이 모든 동작이 자연스럽게 가능하게끔 된 사람이 전문 스포츠에 들어 가는 것입니다.
 스케이트 경우도 이것과 마찬가지 입니다. 즉, 태어나서 처음으로 얼음 위에서 스케이트를 신고 서서 육상에서 행하는 것과 같은 동작을 활발히 할 수 있게 된 사람이, 3가지의 전문기술을 각각 선택해서 들어간다면 괜찮다고 생각합니다.
 일반 스케이트의 기술이란 것은 거기까지의 기술을 말하는 것입니다. 예를 들면, 육상생활에서도 동작이 만족될 수 없는 사람은 어떤 전문적 스포츠에도 나아갈수 없는 것이지요. 스케이트도 마찬가지 입니다. 그리고 스케이트를 신고 올바르게 미끄러지는 제동작은 다음의 전문기술의 기초가 되는 것입니다.
 이 책에서는 빙상에 서서부터 미끄러질 수 있는 응용동작에 이르기까지의 모든 이론을 모아 기본을 설명하고 있읍니다. 기본을 완전히 몸에 익히게 되면, 3개의 전문부분에 들어가더라도 '빙상을 활주한다'라고 하는 것에는 별다른 차이가 없으므로 어디까지나 이 일반 스케이트의 기술이 기본이 되는 것이지요. 자기 맘대로 하지 말고 완전히 기초를 몸에 익히도록 하십시오.

# 2. 스케이트의 역사

① **발생과 변천**

 스케이트 애호자인 여러분은, 미끄러지는 것을 알기 전에 스케이트라고 하는 것이 어떻게 발전해 왔는가에 대해서 간단히나마 그 지식을 알아둘 필요가 있다고 생각합니다.

먼저 세계적으로 그 발전을 보자면, 원시시대에 이미 북유럽에서는 동물의 뼈로 만든 스케이트를 사용했고, 근대 유목민 민족에서부터 스웨덴, 덴마크, 폴란드로 전해져서 실생활에 사용되어지고 있읍니다. 이것이 영국 국내에 보급되어, 13세기 무렵에는 영국 일반인에게도 보급되어 행해져서 그 역사로 말하자면 굉장히 오래된 것입니다.

이와 같이 오랜 역사를 지닌 스케이트는 점점 발달해서 스케이트 경기대회 등이 행해지게 되었읍니다.

이리하여 스피드 스케이트에서 시작된 스케이트는 그 스케이팅 기술도 점점 진보해서, 1830년 경이 되자 직선과 곡선을 잘 짜맞춘다든지, 원을 그린다든지 하는 연구에까지 이르게 되었읍니다.

그리고 이것이 중부 유럽의 각 대도시가 중심이 되어 번창하게 되고 또 영국의 런던에서도 스케이트 그룹이 생겨나서 피겨 스케이트의 계통적 연구도 시작되게 되었읍니다.

한편 북 아메리카에서도 유럽으로부터 이민이 늘게 되어 스케이트도 번창하게 되어 1838년 경에는 뉴욕주에서 많은 훌륭한 스피드 스케이터가 나오게 되었읍니다.

그리고 1850년에는 필라델피아에서 스틸제 스케이트가 만들어졌읍니다.

스피드 스케이트가 각지에서 번창하게 됨에 따라 기술도 세밀히 연구되어 그것이 피겨 스케이팅에 옮겨진 것입니다.

그래서 뉴욕의 잭슨·헤인즈가 유럽에 건너가서 러시아 발레의 형태를 포함시킨 피겨 스케이팅을 행하고, 이것이 굉장한 인기를 얻어 보급이 활발해졌읍니다. 이것이 말하자면 인터내셔널 스타일로서 일시 세계적으로 보급되었던 피겨 스케이팅의 스타일입니다.

피겨 스케이트 중에서 컨버서리(규정의 경기로 이전에는 스쿨·피겨라고도 불렀다)의 기초가 다져진 것은, 1864년에 빈·크럽의 사람들이 경기대회를 행했는데, 이들중 유럽 각지의 경기대회로 퍼져 갔던 종목 중에서 뽑혀진 것을 기초로 했다고 합니다.

페어 스케이팅은 카나다의 다니엘·메이어와 존·메이어 2사람에 의해 처음으로 행해졌다고 합니다.

1860년 경이 되자 카나다에서는 처음으로 인공 스케이트 링크가 만들어져 점점 스케이트가 번창하게 되었읍니다.

이와 같이 스피드를 비롯해서 피겨가 그리고 마지막에는 아이스 하키 경기가 생겨났읍니다.

아이스 하키는 북구라파의 '반테'라고 불려지는 경기가 카나다에 전해져서, 이것이 여러모로 개량되어 1884년에는 규칙이 제정되어, 현재의 아이스 하키의 기초가 되었다고 전해집니다.

기구상에서는 스틸제 스케이트가 생겨난 것은 앞에서 말씀드렸는데, 좀더 주목할 만한 것은 1920년 경에는 액셀펄슨과 해롤드하겐에 의한 연구로 생겨난 획기적인 스케이트 즉, 현재의 스피드 스케이트의 기본이 되는 튜브제 스케이트가 탄생되었다는 점입니다. 이것에 의해서 스피드 스케이트의 형태가 일변되었다고 합니다.

 이상과 같이 세계 각국의 스케이트가 발달해서 이윽고 1892년에는 국제 스케이트 연맹 (International Skating Union=I·S·U)이 창설되어 전세계를 통제하게 된 것입니다.

## 3. 스케이트 기구

현재 일반적으로 사용되고 있는 기구를 크게 나누면, 각각 전문경기용의 스피드(또는 롱), 피겨, 하키의 3종류 이외에 실내에서의 스피드 연습용으로 세미 스피드가 있읍니다.

이들 스케이트는 오랜 역사에서 보면 각각 전문경기 용구로서 오랜동안에 걸쳐 개량에 개량을 거듭해서 현재에 이르는 것입니다. 그렇기 때문에 특별히 일반 스케이트, 또는 초보자용의 스케이트라고 하는 것은 없읍니다.

이 점이 육상에서 행해지는 스포츠의 대부분과 다른 점입니다. 야구나 달리기용의 스파이크, 럭비·축구용의 신발, 댄스·체조용의 신발등 각각 전문경기용의 신발 이외에 어린아이에서부터 전문적인 스포츠에 들어가기까지의 사람들을 위한 운동화라고 하는 것이 있읍니다. 빙상에서 행해지는 스케이트에 있어서는 이와 같은 것이 없읍니다.

　그러므로 일반 스케이트를 하는 사람은 앞에서 말했던 4종류 가운데에서 어떤 것을 선택하지 않으면 안되기 때문에, 그 전에 이 4종류의 구두에 대해서 하나 하나를 이해해 둘 필요가 있읍니다. 이들을 충분히 이해한 후, 자신에게 가장 적당한 것을 선택하지 않으면 안됩니다.

### ① 스피드 스케이트

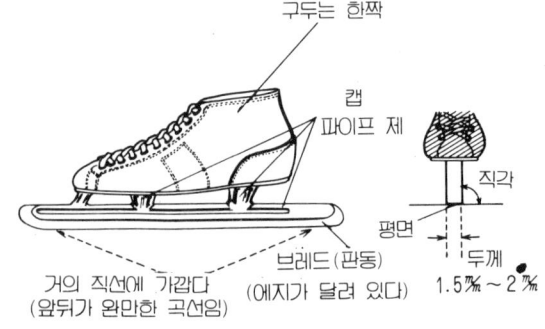

　스피드 스케이트 또는 롱이라고도 말합니다. 넓이가 일주 400m나 되는 링크에서 정해진 거리를 활주해서 거기에 걸린 시간에 의해 순위를 정하는 스피드·레이스에서만 신는 구두입니다.
　그렇기 때문에 최소의 마찰로 미끄러질 수 있게끔 만든 것이지요.

기구는 메이커(제조회사)에 따라 다소간의 차이는 있지만, 앞의 그림에서와 같은 튜브(파이프)로 떠받쳐진 브레드(에지 부분의 동판)를 공동의 캡으로 지탱해서 구두의 밑창에 붙여져 있읍니다.

에지는 얇고 가느다랗고 긴 것은 어디까지나 스피드를 위해서 입는다. 빙면에 맞부딪는 에지(칼날)의 부분이 거의 직선에 가깝고 완곡이 적은 것은, 스피드 레이스가 세밀한 곡선을 그린다든지 하는 기술을 요하지 않고 단지 미끄러지는 레이스이기 때문입니다. 이것은 보드레이스에 있어서 길고 얇은 보드와 보통의 원보드와의 차이와 같은 것입니다.

실내 경기용의 롱은 옥외용에 비해서 브레드가 조금 두껍고 캡이 조금 높으며 전체의 길이도 조금 짧게 만들어져 있읍니다. 이것은 실내경기의 링크가 좁고 따라서 캡의 반경이 작기 때문에 원심력 등으로 스케이트에 붙는 힘과 코너를 돌 때의 몸의 경사 등을 생각해서, 그것에 적당하게끔 만들어졌기 때문입니다.

② 하키 스케이트

아이스 하키는 약 30m×60m 정도의 장방형 링크에서 6명씩 2조의 팀 (포드 3명, 디펜스 2명, 골키퍼 1명)이 나무로 만든 길다란 스틱을 가지고 팩 (부드러운 고무로 만든 납작한 원반)을 상대의 골에 넣는 단체 경기입니다.

같은 경기장 내에서 공·방이 행해지는 경기이기 때문에 굉장히 과격하고, 민첩한 동작을 필요로 하는 스포츠입니다. 그렇기 때문에 여기에 사용하는 기구는 튼튼하게 만들어지고 전후·좌우를 자유자재로 움직일 수 있도록 고안된 것입니다.

금구 부분은 모두 스피드 보다 두껍고, 캡은 스피드보다 높으며, 브레드 중 빙면에 닿는 부분은 완곡이 강합니다.

이것은 대인동작에 있어서 회전을 하기 쉽고, 슛할 때 백이나 스틱, 혹은 상대방의 스케이트에 부딪쳤을 때에도 안전하게끔 구두도 금구도 모두가 튼튼하게 만들어져 있는 것입니다.

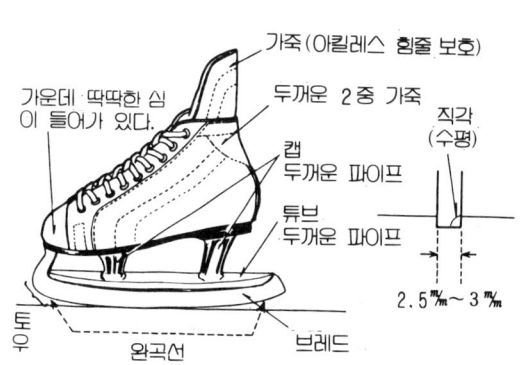

### ③ 피겨 스케이트

피겨에는 규정된 과제의 도형을 얼음 위에 그려서 그 잘되고 못됨에 따라 순위가 정해지는 컨버서리(이전에는 스쿨 피겨라고 했음)와, 정해진 시간내에 자신의 기술을 이용한 연기를 잘 짜맞추어 음악에 맞춰서 연기를 하는 프리 스케이팅 외에 2 사람이 조를 짜서 행하는 페어 스케이팅, 혹은 아이스 댄싱 등이 있읍니다.

이들 스케이터가 신는 것이 피겨입니다.

모두다 빙상에서 고도의 섬세한 기술과 아름다움을 필요로 하는 경기이기 때문에, 거기에 적당하도록 금구나 구두도 만들어져 있읍니다.

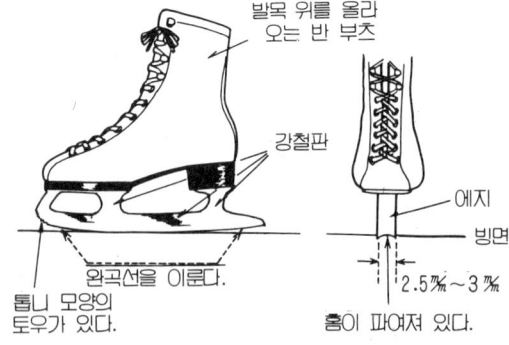

구두는, 구두 안쪽부분이 딱 맞고 뒷꿈치가 높은 스마트한 반부츠 모양입니다. 물론 외견상으로 스마트한 것은 피겨 스케이팅 그 자체가 연기를 보여주는 경기이기 때문에 그와 같은 형태를 하고 있다고 해도 되지만, 실제로 그 형태 뿐만 아니라 컨버서리에 있어서는 섬세한 기술이 필요하기 때문에 발목까지 완전히 밀착되어 있지 않으면 안 되는 것입니다. 또, 프리 스케이팅에서는 점프등을 할 때 발목에 굉장한 힘이 들어가기 때문에, 발목을 보호하기 위해서도 긴 구두와 강한 힘에 견딜수 있는 금구(브레드)가 무거운 강철로 만들어져 있읍니다. 에지도 다른 스케이트 보다 두껍고, 게다가 빈틈없이 얼음 위에서 연기를 쉽게 할 수 있도록 밑 부분에 홈이 파여져 있어서 좌우가 예각이 되어 있읍니다. 그리고 빙면에서 잘 미끄러지더라도 연기를 잘 할 수 있게끔 된 것이 그 밑부분의 완곡이 강하게 만들어져 있다는 것입니다.

저변의 완곡이 강한 것이 작은 원을 그린다든지 회전을 하는데 쉽게 됩니다. 그리고 이와 같이 주로 곡선을 사용한 연기를 하기 때문에 홈을 파서 인(in)과 아웃(out)의 에지를 예각으로 하고 있는 것입니다.

또 이 스케이트의 특징은, 금구의 앞쪽 끝에 '토우'라고 해서 톱니 모양을 하고 있는 것이 붙어 있읍니다. 이것은 피겨 스케이트의 특별한 연기를 할 때 사용하는 것입니다.

### ④ 스케이트 고르는 법

'처음으로 스케이트를 타는 사람은 어떤 스케이트를 신으면 좋은가'. 이와 같은 것을 자주 질문 받읍니다. 앞에서도 말씀드렸다시피, 땅 위에서 신는 일반적인 운동화에 상당하는 스케이트라고 하는 것은 없기 때문에 앞서 말한 4 종류 중에서 선택하지 않으면 안 됩니다. 실내 링크라면 피겨·하키·세미 스피드의 3종류 중에서 선택하시면 됩니다.

일반적으로 생각하면 여성은 피겨, 남성은 하키·피겨·세미 스피드 중에서 아무것이나 선택해도 괜찮겠지요.

처음으로 스케이트를 타려고 하는 사람은 3종목의 기술 이전에 기본이 되는 스케이팅 기술을 배우는 것이기 때문에, 자신의 장래를 생각해서 어느 것을 선택해도 괜찮겠읍니다. 위의 3종류의 스케이트는 그 전문 부문으로 들어갔을때 본래의 효과를 발휘하는 것입니다.

그런데 여성은 대부분이 장래 능숙해질 때의 그 모습을 생각해서 피겨를 좋아하는 사람이 많기 때문에 처음부터 피겨 스케이트에 익숙해지는 편이 낫읍니다.

초보자가 스케이트를 선택할 때 중요한 것은 어느 종류라고 하기 보다도 발에 딱 맞는 것, 그리고 구두에 바르게 브레드가 붙어 있는 것이 좋읍니다. 스케이트장에서 구두를 빌리는 경우도 발에 맞는 것을 선택하도록 하십시오.

## 4. 스케이트는 왜 미끄러지는가?

얼음은 0℃를 경계로 해서 그것 보다 온도가 올라가면 녹고, 내려가면 언다고 하는 것은 여러분도 모두 잘 알고 계실 것입니다. 그 외에, 빙면에 어떤 물건을 두고 그것에 1기압($1cm^2$의 면적에 1kg)의 힘을 주면, 또 물체에 의해서 순간적으로 강한 마찰을 빙면에 가하게 되면 물체에 접해 있는 빙면은 순간적으로 녹는 것입니다.

거기에 단단한 철로 만들어진 스케이트의 브레드의 극히 좁은 면적이 인간을 태우고 빙면에 접하게 되기 때문에, 커다란 가중과 굉장히 작은 마찰로 미끄러지는 것입니다. 게다가 녹은 물이 윤활유의 역할을 하기 때문에, 보다 잘 활주할 수 있게 해 주는 원인이 됩니다.

거기에 진보 방향, 즉 종(세로)의 방향으로 브레드의 폭을 좁고 길게 해서 그 빙면에 접한 부분은 앞뒤로 완만한 곡선(커브)을 틀어서 앞뒤로 활주해도 빙면에 박히지 않고, 얼음의 작은 조각을 만들어 가는 것입니다. 그리고 좌·우의 측면은 에지를 달고 얼음에 들어가서 얼음에 대해서 측면에의 저항을 강하게 하고, 가로로는 미끄러지지 않게끔 만들어진 것입니다.

그렇기 때문에 미끄러지더라도 옆으로 새지 않고 스케이트의 방향대로 곧바로 미끄러져서 또 미끄러지기 때문에, 힘을 주더라도 곡선의 활주를 해도 옆으로 새지 않는 것입니다(그림 참조).

이상의 것을 잘 알지 못하면, 지금부터 여러분이 활주를 하기 위한 여러가지 기술을 보여 드려도 어떻게 된 것인지 그 근본적인 것을 알지 못하게 됩니다.

스케이트 기술의 이론도 동작도 모두 이 스케이트가 만들어진 형태 방법에 의해서 기본이 정해지는 것입니다. 이것들을 머리에 잘 넣고 다음 순서로 넘어가도록 합시다.

빙면

# 5. 복장과 매너

## ① 복장

 스케이트에서 중요한 것은 먼저 부상을 막는 일입니다. 복장도 이와 같은 것을 제일로 생각해서 입지 않으면 안됩니다.
 (1) 장갑은 꼭 필요한 것입니다. 특히 옥외 경기장 등과 같이 사람들로 붐비고 있는 곳에서는 자기는 잘 탄다 하더라도 뒤에서 밀치는 경우도 있고, 부딪혀서 넘어지는 경우도 있는데, 이 때에 손을 스케이트에 찔리는 경우가 있습니다. 스케이트에는 에지가 붙어있기 때문에 굉장히 위험합니다.
 (2) 여성이 치마 차림으로 스케이트를 타서는 안됩니다. 사람이 붐비면 상처를 입기 쉽기 때문이지요. 바지를 입도록 해 주십시오.
 (3) 남자아이의 반바지 차림도 (2) 의 경우와 같이 위험합니다.
 (4) 바지를 입은 경우에 바지통이 넓은 것을 피해 주십시오. 되도록이면 통이 좁은 바지를 입고, 넓은 경우에는 양말 속으로 집어 넣도록 하십시오. 넓은 바지통이 자기의 스케이트에 걸려 넘어지는 수가 있습니다.
 (5) 모자를 쓰는 것은 굉장히 좋은 일입니다. 특히 중년 이상의 몸이 조금 굳어진 사람에게 권합니다. 베레모 등을 쓰는 것은 멋 뿐만아니라 위험방지에도 역할을 하는 것이지요.

## ② 매너

 스케이팅에는 스케이터가 지키지 않으면 안되는 것이 있읍니다.
 (1) 링크에 따라서 시간을 정해서 오른쪽으로 돌기를 한다든가, 왼쪽 돌기를 한다든가 하는 곳이 있읍니다. 하지만 일반적으로는 왼쪽으로 돌기를 하는 것이 대부분인데 모든 사람들이 거의가 왼쪽으로 도는 것이 대부분이기 때문입니다. 그렇기 때문에 다른 사람들과 도는 방향이 다르다고 해서 거꾸로 돌기를 하는 것은 절대 안됩니다.
 (2) 넘어진 경우에는 곧바로 일어나야 합니다.
 (3) 링크의 모서리나 가장자리에 기대고 서거나 앉아서 링크 안에서 스케이트를 타는 사람에게 다리가 걸리도록 해서는 안됩니다.

(4) 얼음에 일부러 홈을 판다거나 하는 일은 하지 않도록 하십시오.

(5) 오물, 특히 껌이나 종이 등을 버리지 않도록 하십시오. 뒤에서 활주해 온 사람이 이것에 스케이트가 걸리면 갑자기 멈춰 서게 됩니다. 그렇기 때문에 생각지도 않았던 큰 상처를 입게 됩니다.

(6) 아이들이 장난치는 경우가 있는데, 이것은 절대 위험한 짓입니다.

(7) 옥외 링크 등에서 종종 사진을 찍는 일이 있는데, 이것은 링크에서 활주를 하는 사람들의 길을 막는 일로 다른 사람에게 폐를 끼치는 일이 되므로 주의하십시오.

(8) 자연결빙된 호수 등에서는 자주 얼지 않는 부분이 있는데, 이런 곳에는 주의푯말이나 깃발 등이 꽂혀 있읍니다. 그와 같은 곳의 얼음은 얇기 때문에 그 주위에는 가지 않도록 하십시오. 위험하다는 것은 말할 필요도 없읍니다.

### ③ 스케이터는 에지를 소중히 하도록

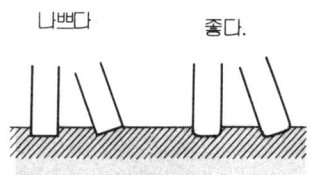

스케이터에게 있어서 스케이트는 몸의 일부분이며 에지는 생명입니다. 스케이터의 에지(날부분)는 미끄러지고 있는 동안에 닳아서, 말하자면 '둥글어 짐'이 되면 얼음 안에 들어가지 않게 되어 헛 미끄러지게 됩니다.

그렇기 때문에 킥이나 에징(edging : 옆으로 미끄러지지 않게 하기 위해 밑면이 수평되게 하는 것)도 잘 되지 않게 됩니다. 헛 미끄러져서 넘어진다거나 하여 생각하지도 않았던 상처를 입는 경우도 많습니다. 에지를 얼음에 틀어 박아서 최대의 저항을 받게끔 만들어져 있는 스케이트이기 때문에, 이 중요한 에지를 '무딘 칼'로 만들어 버리면 얼음과의 마찰 저항이 적어져 버려서 스케이트를 신고 있는 효과가 없어지는 것입니다.

그렇기 때문에 스케이터는 때때로 자신의 스케이트를 점검해서 에지가 닳아있는 경우는 에지를 갈아서 날을 예리하게 하지 않으면 안됩니다. 이 중요한 에지에 대해 무관심해서 스케이트를 신은 채 콘크리트 위나 먼지가 많은 통로를 걷는다든가 하는 사람이 눈에 뜨입니다. 예를 들어, 판자의 사이에도 못에 주의한다든가 하는 식으로 에지는 중요하게 여기도록 하십시오. 그렇기 때문에 에지 케이스를 달고 걷도록 하십시오. 또, 시즌 중에는 때때로 점검해서 활주를 한 후에는 꼭 잘 닦아서 수분을 없애는 일에 신경을 쓰도록 하십시오. 시즌이 끝난 뒤에는 금구(에지) 부분을 기름으로 닦아 다음 시즌까지 에지에 녹이 슬지 않도록 보존하십시오.

녹이 슬게 되면 에지가 빨리 상하게 됩니다.

에지를 중요하게 여기는 것은 자기의 스케이트 뿐만 아니라 다른 사람의 스케이트에 대해서도 마찬가지 입니다. 마루 위나 빙상에 쓰레기 등을 버리지 말라고 하는 것도 바로 이 때문입니다.

### ④ 에지를 가는 법

에지에 관한 것은 앞에서도 말을 했읍니다만 이번에는 에지를 가는 법에 대해 조금 설명을 하겠읍니다.

일반인은 에지가 닳으면 스케이트 상점에 가서 갈아 달라고 하는 사람이 대부분인데, 정말로 스케이트를 사랑하는 사람은 자기가 에지를 갑니다.

에지를 가는 법은 스케이트의 종류에 따라 다릅니다.

피겨의 경우는, 앉아서 양 무릎 사이에 스케이트를 돌려놓고 끼워서 둥근 막대기 ( 직경 5~7mm 정도, 길이 7cm)의 숫돌로 세로로 세워서 날을 붙입니다.

숫돌은 오일스톤이라고 해서 기름을 치면서 가는 숫돌입니다. 가는 것과 굵은 것을 사용하는 것도 있읍니다. 스케이트에 따라서는 앞에서부터 뒷쪽에 걸쳐서 두께가 점점 얇아지는 것도 있고, 앞쪽이 두껍고 뒷쪽이 얇은 것도 있읍니다.

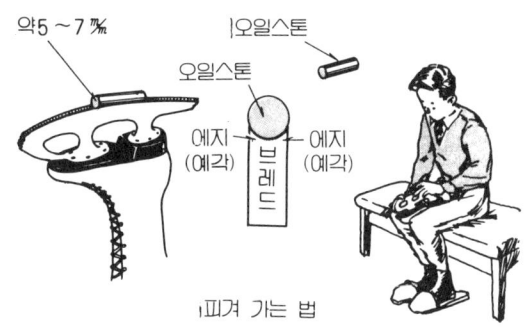

피겨 가는 법

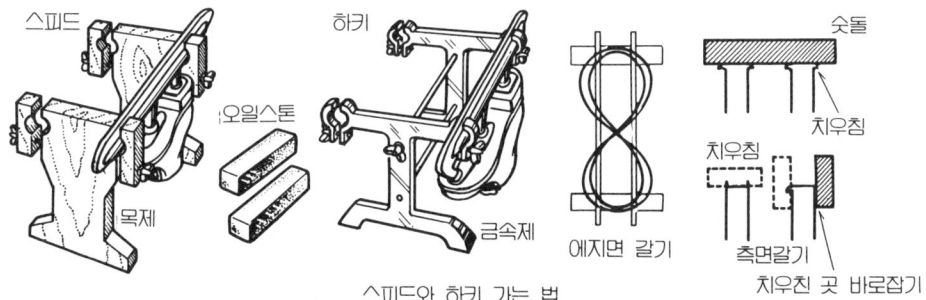

스피드와 하키 가는 법

또, 오일스톤에는 '센돌', '중간 돌', '마무리 돌'의 종류가 있고, 처음에는 '센돌'이나 '마무리 돌'로 갈면 확실합니다.

스피드와 하키의 경우에는 갈대(에지를 가는 기구)를 사용해서 갑니다

앞 그림에서 처럼 갈대에 스케이트를 끼워 넣어서 장방형의 오일스톤으로 갑니다. 하키의 에지는 짧기 때문에, 가는 것도 앞뒤로 일정한 힘을 사용해서 갈지 않으면 안됩니다.

스피드의 경우에는 일정한 힘을 주어 가는 것인데, 가장 앞쪽과 뒷쪽에 힘을 주는 경향이 있으므로 배분에 주의하도록 하십시오.

스케이트의 앞과 뒤에 대해서 세로로 곧바로 밀지 말고 가볍게 앞뒤로 8자를 그리는 것처럼 갈게 되면, 힘이 평균적으로 들어가서 평평하게 갈리게 됩니다.

이것도 '중간 돌'과 '마무리 돌'로 갈게 되면, 갈대에 넣은채로 에지의 좌·우를 바깥쪽에서부터 브레드에 평평하게 숫돌로 문지릅니다. 이것은 맨처음에 갈았을 때에 날이 바깥쪽에 치우침이 있기 때문에, 이 치우침을 바깥쪽에서 갈아 제대로 세우기 위해 행하는 것입니다. 그리고 이 면과 옆을 조용히, 칼을 그다지 넣지 않은 채 2~3회 반복해서 치우침을 완전히 바로 잡으면 에지가 정말로 제대로 붙은 것이 됩니다. 만약 이 윗면·바깥면의 치우침을 바로 잡지 않으면, 언뜻보아 에지가 잘 갈려있는 것처럼 보여도 활주해 보면 곧바로 에지가 없어지니까 정성을 다해 마무리 하도록 하십시오.

스케이트의 에지는 날 부분과 완곡(록 또는 커브라고 함)이 중요합니다.

남에게 갈아 달라고 하면 날 부분의 마무리가 잘 되지 않는다든지, 갈 때에 힘의 배분이 잘 되지 않아 완곡이 비뚤어진다든지 하는 일이 있읍니다. 특히, 스피드의 스케이트 등은 완곡선이 느슨하기 때문에 적당한 힘의 배분이 중요한 것입니다.

대체로 에지의 완곡은 스케이트의 종류에 따라 차이는 있읍니다만, 뒷꿈치의 캡 밑부분의 직선 부분을 기점으로 해서 앞쪽으로 점점 커브가 강해져 있읍니다.

그리고 뒷쪽에는 이것보다 센 곡선을 붙입니다. 특히 앞쪽의 곡선은 스케이팅을 할 때 한쪽발로 탄 상태에서 다른 발이 미끄러지면서 푸쉬(누름)가 끝나서 빙면에서부터 떨어질때 필요한 곡선인 것입니다.

# 전문 경기에로 나아가는 사람을 위하여

## 아이스 하키

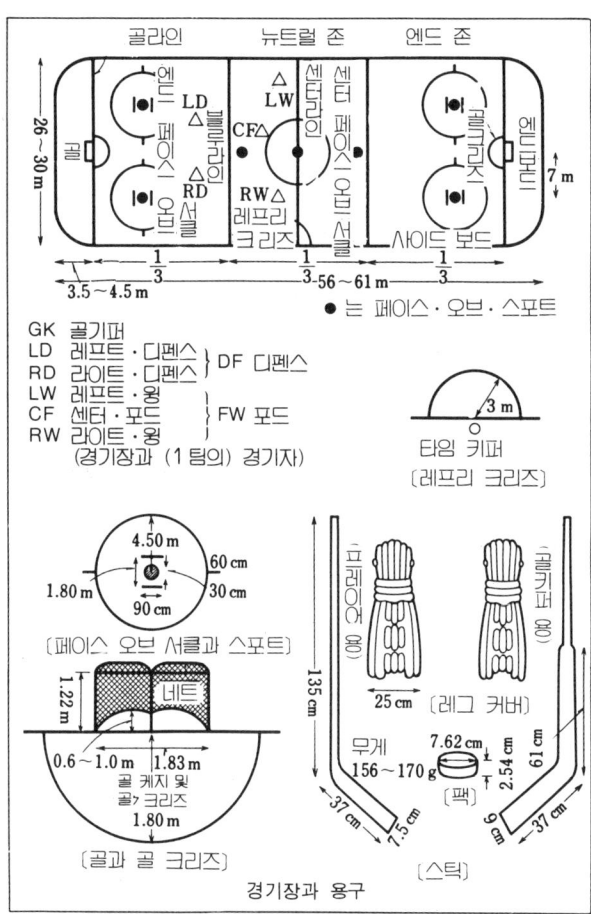

### 경기 개요

아이스하키는 높이 1.2 m의 나무 또는 플라스틱으로 만들어진 펜스로 둘러싸여진 장방형(길이 56～60m×폭 26～30m)의 링크에서 목제 스틱을 가지고 한 개의 팩(경질고무로 만들어진 평원반)을 상대의 골에 넣는 게임입니다.

특히 호쾌하고 스피드 있는 게임이지요. 그렇기 때문에 손·팔·허리·무릎·어깨 등은 두툼하게 사고를 방지하는 용구로 감싸져 있읍니다.

인원은 17명이 등장되고, 6명(포드 3, 디펜스 2, 골키퍼 1)이 싸움을 하는데, 굉장히 격렬한 경기이기 때문에 언제라도 교대가 가능합니다.

시합시간은 20분씩 3회

(3 피리어드)로 중간에 10분 간의 휴식이 있읍니다.
링크의 빙면에는 앞 그림에서 처럼 블루라인, 센터라인, 골라인 등이 그려져 있고, 그 라인을 넘는 것으로 각 반칙에 의해 행하는 페이스·오브의 원이 그려져 있읍니다.
승부는 상대 골에 팩을 넣으면 1점씩 득점이 되고, 3피리어드의 합계 득점에 따라 계산을 하기 때문에 알기 쉬운 경기입니다.

### 경기의 전개

아이스하키 시합은 2개의 팀의 센터·포드가 센터·페이스·오브·서클의 스포트에 스틱을 두고 서로 서서, 그 사이에 심판이 팩을 던져 넣음으로써 시합이 시작됩니다. 이 것을 페이스·오브 라고 말합니다.
중앙의 스포트에서의 페이스·오브는 각 피리어드의 맨처음의 시합개시 때와 득점 후의 시합개시 때에 행해집니다. 그 외에 반칙이 있을 때에 페이스·오브가 행해지는데, 그 경우는 반칙이 있던 장소에서 가까운 서클에서 행해집니다.
굉장히 격렬하고 그리고 날카로운 성격의 스포츠인데다 용구를 가지고 플레이를 하기 때문에 위험방지를 위해 여러가지 규칙이 정해져 있읍니다. 가장 많이 나타나는 반칙으로서는 다음과 같은 것이 있읍니다.
① 블루라인 오브 사이드····공격 존에 팩보다 먼저 앞서 공격측 쪽에 들어가 있는 것.
② 레드라인 오브 사이드····센터라인보다 먼저 앞쪽에로 하는 패스.
③ 아이싱····센터라인 바로 앞에서 친 팩이 상대측의 골·라인을 넘는 경우.
이상의 경우는 각각 시합을 중단해서, 페이스 오브 서클 안으로 돌아와서 페이스 오브를 행합니다.

이 외에 경기자의 위험방지때문에 이하의 규칙들이 정해져 있읍니다.
① 마이너·페널티····상대에게 난폭하게 군다든지, 방해를 한다든지, 넘어지게 한다든지, 잡아끈다든지, 민다든지, 발을 건다든지, 보드에 밀친다든지, 팩을 잡고 있는 경우. 또, 골키퍼가 팩을 3초 이상 가지고 있다든지, 앞이나 장외로 던져버린다든지, 네트에 올려서 숨긴다든지 하는 경우(2분간 퇴장).
② 메져·페널티···상대를 세게 보드에 밀어부친다든지, 상대에게 부상을 입힐 경우. 또, 골키퍼에게 고의로 시비를 건다든지, 스틱을 던져 버리는 경우(5분간 퇴장).
③ 미스·컨틱트····장외에 스틱을 던진다든가 심판이나 상대 선수에게 폭언을 하는 경우(10분간 퇴장).

④ 매치·페널티……고의로 상대선수에게 상처를 입힌다든가 또 상처를 나게 하는 경우. 또, 스케이트로 상대 선수를 찬다든지, 밟으려 하는 경우(출장 금지).

⑤ 페널티·쇼트……크리즈 안에서 골키퍼 경기자가 팩을 손이나 이외의 몸에 감춘다든지, 픽업한 경우. 또, 방어수역에서 팩 잡기 위해 스틱을 던진다든지, 상대가 선수의 스틱을 잡지 못하도록 한다든지한 경우.

이상의 반칙의 경우, 반칙자는 페널티 박스(반칙자석)로 들어가게 됩니다.

### 경기 기술

아이스하키는 몇 사람이 서로 한 개의 팩을 빙상에 놓고 벌이는 경기입니다. 그렇기 때문에 항상 어떤 방향으로도 덧슈할 수 있다는 것이 중요합니다.

적(상대)과 부딪치는 경우를 생각해서 스케이팅도 체중을 감안한 형태로 만들어져 있읍니다. 따라서 어느 정도 양발을 벌려(인·에지로 탐) 언제나 좌우로 방향을 바꿔가면서 덧슈할 수 있게끔 체중을 앞으로 쏠리게 한 자세를 많이 사용하고 있읍니다.

그러나 이것은 어디까지나 아이스하키가 가지는 특수한 게임 전개에 대한 형태이고, 플레이에 대한 응용동작입니다.

그렇기 때문에 그 필요가 없을 때에는 올바른 스케이팅을 한다면 당연히 체력의 소모도 없애고 스피드도 낼 수 있는 것입니다. 그런고로 올바른 스케이팅과 플레이에 필요한 동작을 분별해서 사용할 필요가 있읍니다.

그에 따라서 3회를 같은 식으로 스피드를 내어 게임을 할 수 있도록 체력의 소모를 생각하지 않으면 안됩니다.

바라는 바는 응용동작만을 생각해서 끝내버리면 항상 인·에지로 타서 앞쪽으로 무리해서 스피드를 내어 버리기 때문에 체력을 소모해 버립니다.

이러한 하키만의 독특한 형태에 있어서도 스케이팅 본래의 모습을 생각하면, 캐링을 사용하고 ㄷ자형의 스톱을 하고 크로스를 한다든가 턴이나 백을 해서 플레이를 하는 것입니다.

이들 동작들은 기본기술에 덧붙여서 하키라고 하는 플레이상 필요한 형태로 변화시킨 응용동작이 된 것입니다.

## 스피드 스케이트

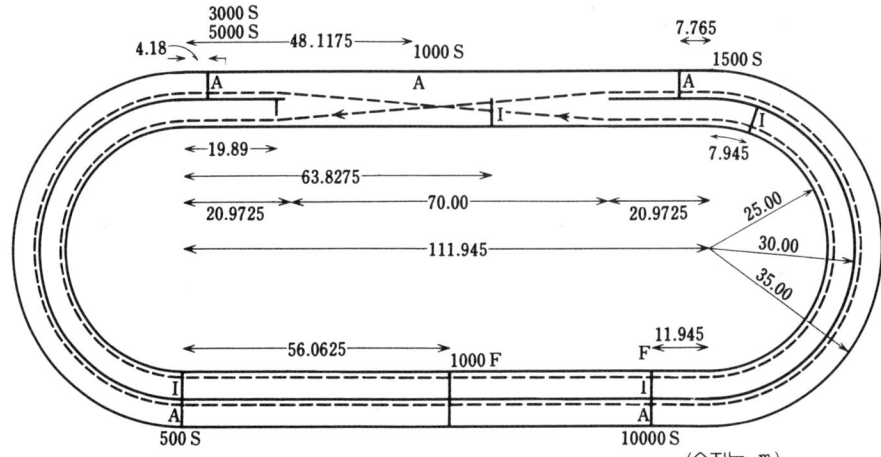

400m 표준 더블 트랙 경기장 (숫자는 m)

(숫자는 *m*)
S=출발점 (스타트)
F=결승선 (골)
A=바깥쪽 트랙의 출발선
I=안쪽 트랙의 출발점
안쪽커브의 거리=80.11m
바깥쪽커브의 거리=95.82m
● 트랙 도는 법
  500m   1회  +100m
1,000m   2회  +200m
1,500m   3회  +300m
3,000m   7회  +200m
5,000m  12회  +200m
10,000m  25회

### 경기 방법

① 경기장은 400m 원주 또는 333$\frac{1}{3}$ 의 트랙을 표준으로 하고, 이외에 쇼트·트랙으로서 실내경기에서는 원주 125m 또는 100m를 사용하고 있읍니다.

② 경기의 종류는 단거리로서 500m · 1000m · 1,500m, 장거리로서 3000m · 5000m · 10000m, 릴레이로서 1600m · 2000m 등이 있읍니다.

③ 스피드 스케이트는, 윗 그림에서 처럼 육상경기의 트랙과 같은 링크로 스피드 시간과 순위를 겨루는 스포츠입니다.

경기 방법으로서는 더블·트랙·레이스와 싱글·트랙·레이스가 있읍니다.

더블·트랙·레이스는 두사람씩이 한 조가 되어 인·코스와 아웃·코스를 서로 바꾸어 가면서 활주해서 그 시간을 잽니다. 그리고 각 조가 완주한 뒤에 그 기록에 의해서 순위를 결정하는 방법이며, 올림픽대회·세계선수권 등에서 채용하고 있읍니다.

이 경기는 자기의 페이스로 활주할 수 있고, 남에게 방해를 준다든지 영향을 입힌다든지 하는 일 없이 자기의 최고의 상태로 미끄러질 수가 있는 것입니다.

심판의 호각소리에 스타트를 한 선수는, 백스트레치의 직선코스 중간에 70m 교차구역에서 서로 인에서 아웃으로 또는 아웃에서 인으로 코스를 바꾸어 나갑니다.

총합 성적을 겨룰 때는 각 거리의 500m의 평균 시간의 촛수를 득점으로 해서 그것으로 순위를 정합니다.

싱글·트랙·레이스는 한 번에 여러 명의 경기자가 스타트해서 순위를 정하는 방법으로, 전국체전이나 쇼트·트랙에서는 이 방법을 사용하고 있읍니다.

이 경기에서는 방해를 받는다든가 서로 부딪친다든가 하여 책임선두제라는 것을 정해 놓고, 쇼트·트랙에서는 예선 각 조 1위의 평균시간을 제한시간으로서 결승을 행한다거나 하고 있읍니다.

④ 이와 같이 국내의 대회에 출장하기 위한 추천을 받는 기준으로서, 배지테스트가 있는 기준을 통과하지 않으면 안됩니다.

### 경기 기술

스피드 스케이트의 기술이라는 것은 합리적으로 이론에 맞는 스케이팅을 한다는 말이 부합할 것입니다. 특별한 기술이 있는 것이 아니라 전부 스피드를 낸다고 하는 것만

을 생각하면 좋으리라 여겨집니다.
　스케이트를 처음 타는 사람은, 먼저 전진활주 기술부터 몸에 익히도록 합니다. 전진활주는 스케이팅 기술을 몸에 익히기 위한 기본적인 스케이팅이라고 말할 수 있읍니다.
　피겨 스케이트를 하는 사람도 아이스하키를 하는 사람도 이 전진활주를 몸에 익혀두면 다른 경기기술이 빨리 익혀집니다.
　이런 식으로 생각해 나가면, 전진활주만으로 스피드를 내어서 경기를 진행하는 스피드·스케이트는 좀 더 입문하기가 쉬운 경기라고 말할 수 있는 것입니다.
　스피드·스케이트의 경기상의 기술로서는 아래와 같이 나눌 수 있읍니다.
　① 스타트
　② 직선코스의 활주법
　③ 커브 워크
　④ 전 거리에 대한 힘의 배분(래프타임)
　⑤ 기후·바람 방향에 대한 폼
　⑥ 기온에 따른 얼음과 스케이트의 주법
　①의 스타트는 호포와(총 소리) 동시에 맨 처음은 양 발의 발 끝 각도를 120도 정도 벌려 달음박질 치면서 앞으로 나아가는데, 5～6m 정도에서부터 상체를 점점 앞으로 기울게 하면서 발 앞끝의 각도도 좁히면서 한 걸음 미끄러져 나가 드디어는 본래의 스케이팅 폼이 됩니다.
　이러한 동안에 어느정도 강력한 나란히 활주를 하는 것도 중요하며, 또한 재빨리 원래의 폼으로 돌아오는 것도 중요한 일입니다.
　②의 직선 코스의 활주는 트레이스를 넓혀 올바르게 전진활주를 하는 것을 말합니다.
　③의 커브 워크야말로 스피드 레이스에서 가장 중요한 기술로서 커브로 들어가기－중앙－커브에서 나오기의 3단계로 나뉘며, 상체가 앞쪽으로 기울어지는 것을 생각하고, 특히 원심력에 의해 몸이 바깥쪽으로 밀려나가는 것을 막을 뿐만 아니라, 반대로 이것을 이용해서 활주 폼과 기술로 흡수하지 않으면 안됩니다.
　그 한가지 생각으로 프레잉 스케이팅의 캐링·크로싱 때의 상체를 비트는 방법이 참고가 될 것입니다.
　④의 힘의 배분은 전 거리를 단지 무턱대고 활주하는것이 아니라 전거리를 생각해서 항상 힘의 배분이라고 하는 것을 생각하면서 활주하지 않으면 안됩니다.
　또, 바람방향에 대해서는 불어오는 바람을 맞으면서 활주할 수 있는 기술과 힘의 배분이 필요합니다. 특히, 어느 종목에서도 전 거리의 ⅔를 지날 때는 반드시 페이스가 떨어진다거나 활주법이 흐트러진다거나 하기 때문에 그 점에 주의하는 것이 필요합니다.
　⑤⑥은 바람을 맞고 활주하는 것과 얼음이 녹음에 따라 핏치주법으로 바꾸어야 하는 것에 대해 말하고 있는 부분입니다.

## 피겨 스케이트

### 경기의 개요

피겨·스케이팅 경기는 단지 미끄러지는 것만이 아니라, 도형과 기술의 정확함, 활주시의 자세, 에지의 바른 사용법, 혹은 리듬·음악과의 조화 등을 겨루는 경기입니다.

경기종목은, ① 싱글(솔로)스케이팅 ② 페어 스케이팅 ③ 아이스 댄싱 ④ 그룹 스케이팅 의 4종목을 이루고 있읍니다.

①~③은 세계선수권 종목으로,①과 ②는 올림픽 종목으로 채택되고 있읍니다.

④는 현재 채용되고 있지 않읍니다.

경기의 내용으로서는 ①컨버서리(스쿨·피겨라고도 함), ②프리·스케이팅 이 있읍니다.

①의 컨버서리라고 하는 것은 규정 과제인 17종류를 기본으로 해서 69도형이 있고, 이것을 경기 대회 때마다 선택된 도형을 좌·우 3회씩 활주해서 성적을 채점합니다.

②의 프리·스케이팅은 자유롭게 자기의 득의가 되는 기술을 사용해서, 정해진 시간 내에 자기가 선택한 음악에 맞추어서 활주하는 것입니다. 그 채점은 기술적 평가점과 예술적 평가점에서 성립되는 것입니다.

### 경기 기술

앞서 말한바와 같이 제약된 것으로 미끄러지기 때문에 스케이팅의 기술은 그 형태상에서 다른 스케이팅과 굉장히 다른 동작이 됩니다. 그러나 모양은 달라도 스케이트로 빙상을 활주한다 라고 하는 근본적인 것은 같고, 경기의 특수성에서부터 그것에 적당한 활주법을 행하는 것입니다. 피겨 스케이팅을 잘 보면 이하의 기술력 요소가 있다는 것이 보입니다.

① 69도형은, 스타트에서부터 제약되어 타는 발에 대해서 미는 발 스케이트는 직각이 된다 (정지 상태에서부터 스타트 하기 때문에 흔들림없이 완전히 정지).

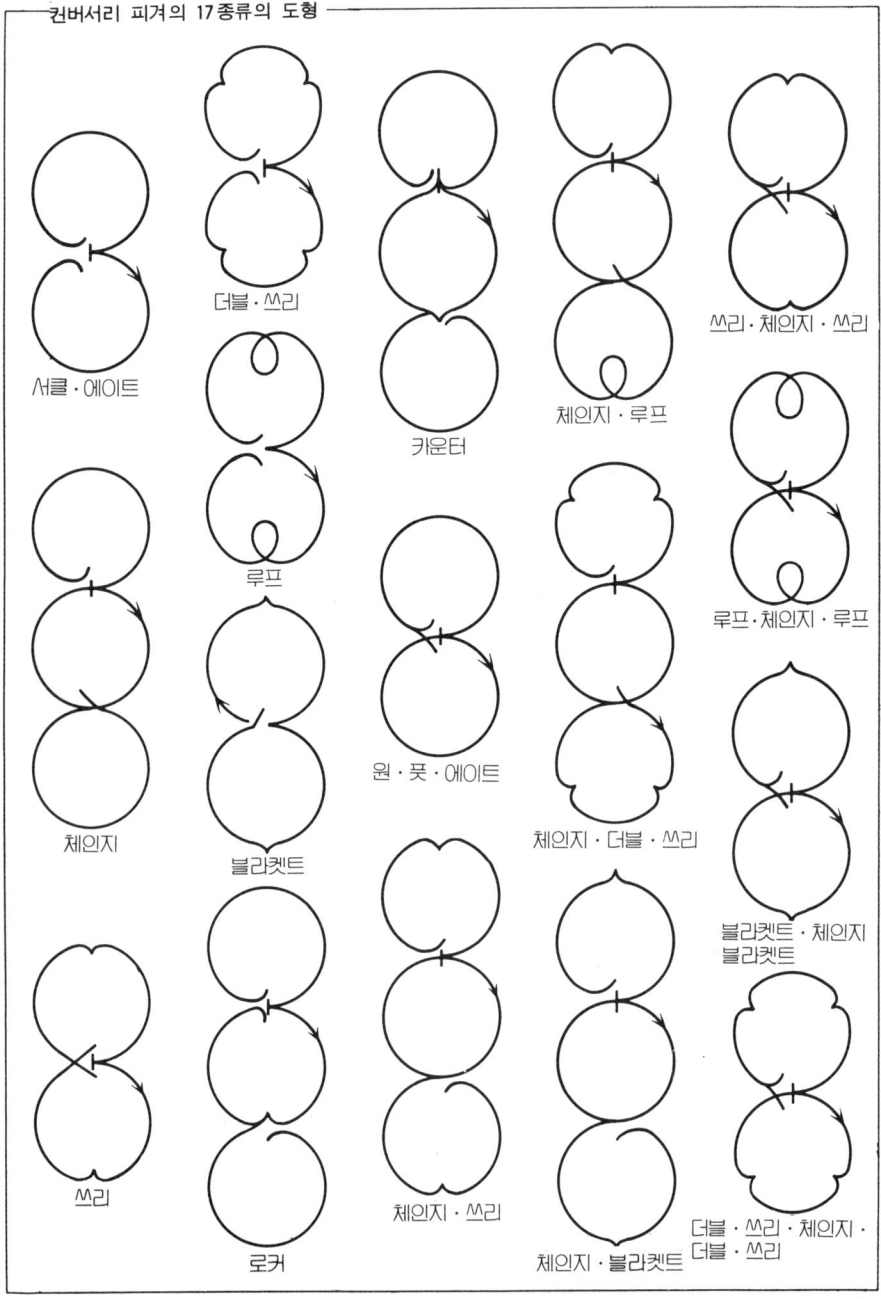

② 도형의 기초는 8 (에이트) 서클이며, 이 가운데에 턴과 체인지가 포함되어 있는데, 모두 1스트록으로 오른쪽 도형을 그리며 또 발을 바꾸어 왼쪽의 도형을 그립니다.

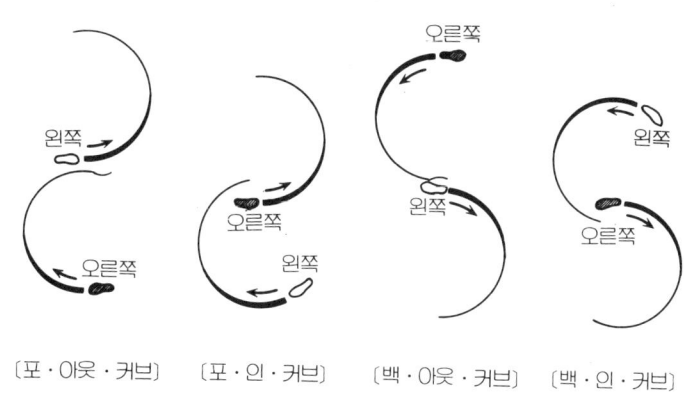

기본 커브

③ 그런고로 반드시 좌·우 반대의 원을 미끄러져 도형을 그리는 것입니다.

④ 발을 바꾸기 위해서는 오른쪽 그림에서와 같이 원을 그려와서, 다음의 원을 출발하는 것에는 그 시점에서 직선방향으로 출발하지 않으면 안됩니다. 그래서 뒷쪽에로 미끄러져 와서 발을 바꾸기 직전에 타는 발의 중심을 앞 쪽으로 옮깁니다.

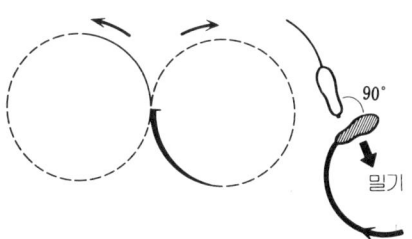

그것과 평행해서 지금까지의 프리·레그를 타는 발의 앞에 내면서부터 내려놓고, 그와 동시에 지금까지의 타는 발은 다음의 타는 발의 방향에 대해 직각으로 미는 것이 되는 것입니다. 그런 까닭으로 한 번 정지하고 나서 스타트를 합니다.

⑤ ④가 서클의 기본기술입니다만, 이 동작을 하나의 목표로 향해 나아가는 세미·서클, 혹은 프리·스케이팅의 전진 등에 그대로 사용해서 항상 곡선을 그리면서 미끄러지는 것이 피겨·스케이팅의 무용적인 연기입니다. 부드러운 스케이팅의 유연함을 창출해 내어서 '미'를 표현하는 것입니다.

⑥ 이들 동작을 보면 프리·레그를 끌어당겨 올 때는 다른 스케이팅과 같은 허리·다리의 휘어짐을 동반하는 동작이 아니라, 허리를 향해서 직선적으로 끌어당겨 옵니다. 이런 차이는 외관상으로도 전혀 다른점으로 보입니다.

그러나 실제로는 피겨·스케이팅의 경우는 타고 있는 스케이팅 그것이 곡선으로 움직이고 있습니다. 그렇기 때문에, 직선의 연속동작을 하는 외의 스케이팅과 비교해서 생각하면 중심(重心)의 이동은 커다란 의미에서 사행활주와 별다른 차이가 없다는 것을 알게 될 것입니다.

⑦ 그리고 다른 스케이팅처럼 약70도 정도의 각도로 몸을 경사시켜 밀지 않고, 발

바꾸기 동작을 할 때는 다음의 타는 발을 지금까지 탄 발의 앞에 내어 직선적으로 밀기 위해서 미는 순간에 앞에서 말한 바와 같이 직각이 되게 하지 않으면 토우쪽에서 앞쪽으로 밀려나가버리게 됩니다.

그렇기 때문에 다른 스케이팅과 같지 않고 1스토록 할 때마다 조금씩 멈춰지므로 늦어지는 것은 부득이 합니다.

⑧ 단지 이 밀기 스케이트와 트레이스는 다른 스케이팅에서도 다소는 나타나고 있읍니다. 발을 바꾸어 탈 때에는 미는 발도 조금씩 미끄러지면서 밀기 때문에 다음의 타

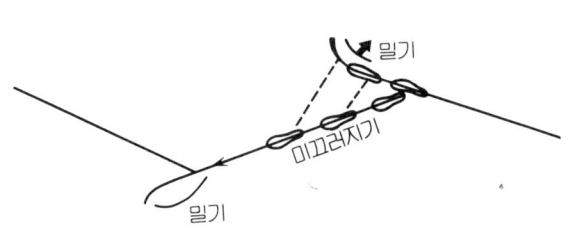

는 발이 활주함에 따라서 그 각도가 좋아져 갑니다.

따라서 보다 강하게 미는 힘을 연속시키기 위해서 스케이트는 반대로 바깥쪽을 향하게 해서 곡선을 그리면서 타는 스케이트에 대해 보다 합리적인 각도로 밀기를 해갑니다.

그리고 좌·우로 향하게 한 뒷꿈치에서 뒷꿈치로 체중을 이동시켜 가기 때문에 스피드는 떨어지지 않고 나아가는 것입니다.

⑨ 일반적으로 프랫으로 탄다고 말하지만, 피겨·스케이트에는 홈이 파여있고 아웃·인 각각 하나씩의 에지가 있기 때문에 프랫은 있을 수 없읍니다.

그러나 스케이트를 빙면에 대해 직각으로 세운다고 하는 것은 피겨와 프리 스케이팅, 혹은 일반 활주 가운데서 사용되고 있읍니다.

이것을 더블·에지로 탄다고도 말합니다. 이 경우는 프레잉 스케이팅의 직진활주와 마찬가지로, 좌·우의 스케이트는 각도를 만들어 뒷꿈치와의 위치에서 발을 바꾸는 것이기 때문에 스피드를 떨어뜨리지 않고 나아갑니다.

프레잉 스케이팅의 직진활주 연습의 단계에서는 피겨 스케이트화를 신고 있는 사람도 이 더블·에지로 타서 스케이트를 빙상에 직각으로 세우는 기본기술을 익히도록 합니다.

⑩ 캐링·크로싱 등은 에징이기 때문에 일반활주의 기본과 같읍니다.

# 부 록

● 실내링크에서 주의할 점 ●●●●●●●●●●●●●●●●●●●●●●●●●●●

　실내링크에서는 대체로 링크의 가운데는 피겨를 하는 사람이 연습을 하고, 그 바깥쪽은 일반인이 왼쪽으로 돌면서 스케이팅을 합니다.
　초보자인 여러분은 불안감 없이 연습을 하기 위해서는 될 수 있는 한 아래 그림에서처럼 안전한 곳에서 연습하도록 하십시오.

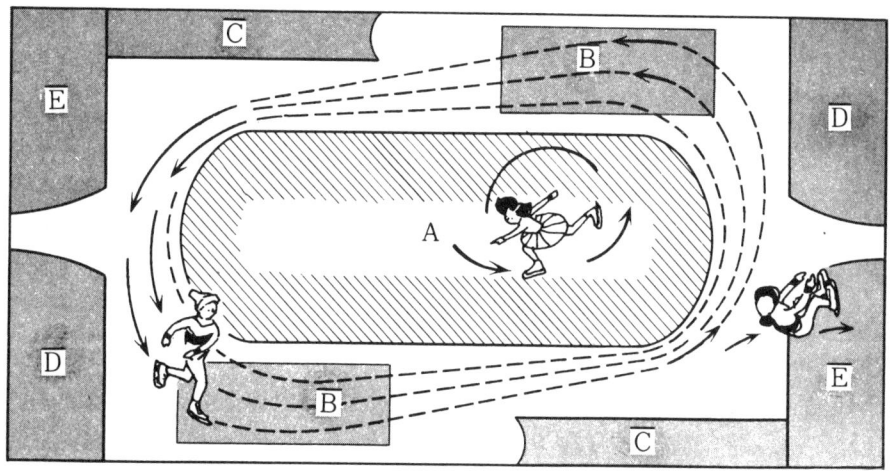

　A‥‥이 장소는 특별히 스피드를 내어 타는 사람은 적은 곳인데, 그 대신에 좌・우 구별없이 타기 때문에 정면 충돌할 위험이 있읍니다.
　또, 피겨의 프리・스케이팅의 연습을 하고 있을 때에는 점프를 한 사람이 뒷쪽에 있는 사람을 걸어 찰 수도 있으므로 굉장한 주의를 기울이지 않으면 안되는 부분입니다.
　B‥‥이 장소가 가장 주의를 기울이지 않으면 안되는 장소입니다. 이곳은 일반적으로 스피드를 내면서 타는 사람으로서 커브에서 크로싱 기술을 제대로 못하는 사람이 많고, 그 때문에 커브의 출구(B점)에서 바깥쪽으로 밀려나게 됩니다.
　게다가 그 때에는 활주자세가 흐트러져 있기 때문에 중심이 불안정한 채로 미끄러지므로 앞에 사람이 있어도 피할 수가 없게 된다거나 또는 넘어진다거나 할 경우가 많은 장소입니다.
　그래서 이 B 주변에서 초보자는 될 수 있는 한 바깥쪽 싸크의 옆에 붙은 장소에서 활주하도록 하십시오.

C…이 주변에 오면 일반 스케이터의 흐름도 자연스럽고 안정되게 활주할 수 있게 되기 때문에 한숨을 돌릴 수 있는 장소입니다.

D…이 장소도 어느 정도 안심하고 연습할 수 있는 곳인데, 때때로 커브로 들어가서 크로싱을 할 때 넘어지는 사람이 미끄러져 들어오는 때가 있기 때문에 한편으로 주의를 기울여야 하는 곳입니다.

E…이곳이 가장 안전한 장소입니다. 일반 스케이터는 커브를 라인에 붙어서 활주하는 습관이 있기 때문에, 그 바깥쪽의 C·E가 안심하고 활주할 수 있는 곳입니다.

익숙해지기 위해서는 먼저 안심하고 연습하는 것이 중요합니다. 그렇기 때문에 앞 그림에서의 장소를 잘 기억해 두도록 하십시오.

## ● 자연결빙된 호수나 못에서 주의할 점▶▶▶▶▶▶▶▶▶▶▶▶▶▶▶▶▶▶

자연결빙된 호수나 못(저수지)에서는 그 부근의 지역 사람이 빙상을 관리해서 위험을 방지하도록 되어 있읍니다. 그러나 스케이트를 타러 가는 사람이 더욱 주의해서 결빙 상태를 검토하지 않으면 안됩니다.

① 얼음이 얇게 얼어서 위험한 곳에는 빙상에 빨간 깃발 등이 꽂혀 있읍니다. 그런데 일반인은 빙면을 보면 평평하고 굉장히 단단히 얼은 것처럼 보이기 때문에, 오히려 빙면이 울퉁불퉁한 것보다 이렇게 깨끗하게 미끄러질 수 있을 것 같은 곳에서 스케이트를 타기를 원합니다. 그리고 그쪽으로 가서 물속에 빠져버리는 예도 자주 있읍니다. 그 지역에 사는 사람이 확실한 표시를 해 주는 것이 필요하고, 또 스케이트를 타러가는 사람은 확실히 믿는 것이 필요합니다.

② 설빙(얼음이 하얗게 부서져 녹아 있는 상태)은 조금 기온이 올라가면 녹기 때문에 주의하지 않으면 안됩니다.

이른 아침은 즐겁게 활주했던 얼음이더라도 태양이 뜨고 햇빛이 비치면 급속히 녹기 때문에 주의하지 않으면 안됩니다.

③ 그룹을 지어서 가는 경우에는 가늘고 단단한 밧줄과 거기에 부기가 있는 축구공 등을 지참해서 만일의 사태에 대비해 두면 안심할 수 있으리라 생각합니다.

## ● 얼음이 깨져 물속에 빠졌을 때▶▶▶▶▶▶▶▶▶▶▶▶▶▶▶▶▶▶▶▶

얼음이 깨져 물 속에 빠진 순간에는 얼음 밑으로 잠수해 가는 일이 적지만 (얼음이 깨져 빠질 때는 얼음이 얇게 얼었을 경우이므로 주위에 커다란 구멍이 생긴다), 오히려 빠진 후에 물위에 뜬다든지 들어간다든지 해서 얼음 밑으로 들어가 버릴 수가 있읍니다.

그런데 얼음이 깨져 물 속에 빠질 경우는 다음 사항을 명심해 두도록 하십시오.

① 빠지게 되면, 즉시 옆의 얼음에 손을 뻗어 걸치고, 몸이 가라 앉지 않도록 하고 있을 것.
몸은 부력이 있기 때문에 힘을 주지않고 손을 걸치고 있으면 좋읍니다.
원래부터 얇은 얼음이기 때문에 힘을 주게 되면 구멍이 커져 가게 될 뿐입니다.
② 발을 퍼득거린다든지 수영을 한다든지 해서는 안됩니다. 가만히 한 손으로 얼음에 기대 있을 것 (물 속에서 물장구를 치게 되면 체온을 뺏겨서 옷 속에 찬 얼음물이 들어온다). 심장마비의 원인이 됩니다. 가만히 있으면서 의류로 체온을 보전하도록 해야 됩니다.
③ 그리고 도움을 청합니다 (돕는 사람은 구멍 가까이에 접근해서는 안됩니다. 한 사람이 빠졌을 정도의 얇은 얼음이라면 돕는 사람은 2사람의 무게이기 때문에 또다시 빠질 우려가 있읍니다).
④ 빠진 사람은 공을 붙잡고 물장구를 쳐서 몸을 빙면에 평행되게 하면서 끌려 나오게 됩니다.

빙면

## ●연습시간은 어느 정도로 할까▸●●●●●●●●●●●●●●●●●●●●●

연습에 걸리는 시간은, 연령·남녀차 외에 공포심이 많은가 약한가에 따라서도 다릅니다.
단, 완전히 자기류대로 미끄러지는 것과는 달라서 이 과정대로 올바르게 연습해 가면 빨리 올바른 기술을 몸에 익힐 수 있읍니다.
초급은 어디까지나 직진(전진) 활주를 중점으로 해서 연습합니다. 그리고 맨 마지막에는 간단한 회전법(캐링)·멈춤법(イ형)의 요령을 조금 연습하도록 합니다.
중급은 직진활주가 어느정도 기본적으로 가능해진 사람이기 때문에, 도는법(캐링·크로싱), 멈춤법(イ二八イ형), 백(표주박·사행), 백·크로싱, 턴과 같은 프레잉 스케이팅에 필요한 응용의 기본기술을 연습합니다.
상급은 중급에서 익혔던 응용기술의 하나하나를 올바르게 할 수 있도록 반복연습을 하는 단계입니다.
이와 같은 생각에서부터 날짜와 시간을 배분해서 계획을 짭니다. 그 다음에 그 예를 보십시오. 이것은 스케이트 교실에서 10~30명의 학생에게 개인 지도자가 붙어서 지도한 경우로서, 한사람으로 연습하려고 하면 이 2~3배의 시간이 걸리지 않으면 안됩니다.

## ● 프레잉 스케이팅 테스트　●●●●●●●●●●●●●●●●●●●●●●●●●●

　스포츠 뿐만아니라 무언가를 연습할 때에는 누구라도 그 기술을 어느정도 습득했는가, 어느정도 완전한가에 대해 알고 싶을 것이다. 그래서 테스트를 받아 보아 자기의 기술을 알면, 다음의 단계로 올라가려고 하는 의욕이 생기는 것입니다.
　또, 자기는 잘한다고 생각해도 테스트를 받아보면, 그 기술이 올바랐던가 어떤가, 자기류대로 흐른 것은 아닌가 기본은 갖추고 있는가 등에 대한 판정을 내릴 수가 있는 것입니다.
　그렇기 때문에 다음의 기술에로 나아가려는 데에도 도움이 되는 것입니다.
　여기에서 스케이트계의 통활단체인 한국스케이트 연맹에서, 전국적으로 통일된 테스트 방침을 정해서 그 선에서 테스트를 하기 때문에 한 번 자신의 정도를 테스트해 보도록 하십시오.
　프레잉 스케이팅이라는 것은 일반 스케이팅을 말하는 것으로 피겨·하키·스피드 등과 같은 전문적 경기기술을 말하는 것이 아닙니다.
　피겨와 스피드에는 각각 베지 테스트(bedge test)라고 하는 것이 정해져 있읍니다.
　그렇기 때문에 이들 베지 테스트라고 하는 것과는 달리 어디까지나 전문경기 기술에로 들어가기 전에 일반인들이 타는 스케이팅을 말하고 있읍니다.
　그러면 어떤 것을 말하는 것일까요. 한국 스케이트 연맹에서 행하는 테스트의 과제와 채점의 방법, 그리고 어떻게 하면 패스하는지에 대해 말해 보도록 합시다.
　이 테스트는 A, B, C 의 3단계로 나뉘어 집니다.
　C급은 태어나서 처음으로 스케이팅을 익힌 저급 클래스.
　B급은 조금 스케이팅을 탈 수 있고 얼음에도 익숙해져서 이제 두려움도 없어져서 기본적으로 필요한 응용동작도 완전하지는 않지만 어느정도 가능하게 된 사람의 클래스.
　A급은 여러가지 필요한 응용동작도 완전히 되고 빙상에서의 동작이 육상 생활의 동작처럼 자연스럽게 되어 스케이팅을 즐길 수 있게 된 사람들의 클래스. 여기까지 가능한 사람은 다음순서의 전문기술의 어느 부분에도 나아갈 수 있읍니다.
　이상과 같이 3클래스로 나누어 테스트를 합니다만, 그 경우 심판원은 한국 스케이트 연맹의 공인을 받은 사람이어야 하고, 검정에 합격하면 각각의 클래스에 합당한 배지를 받게 되어 있읍니다.

각 급에 행하는 테스트의 종목은, 아래에 표시한 표와 같읍니다.

| 급 | 테 스 트 종 목 |
|---|---|
| C | 전진의 직진활주, 스토핑(イ·ㅗ형), 캐링 |
| B | 전진의 직진활주, 전진의 크로싱, 턴, 백 스케이팅, 캐링, 스토핑(八·二형) |
| A | 전진의 직진활주, 전진의 크로싱, 턴, 백 스케이팅, 백·크로싱, 스토핑(二형), 캐링의 연속동작(S형) |

각 급의 테스트로 행하는 종목은 윗 표에서와 같이 나뉘어지는데, C, B, A의 각 급에 중복되고 있는 종목이 있읍니다. 예를 들어 전진의 직진활주라든가, 캐링, 턴 등은 반드시 중복되고 있읍니다.

C급에서의 직진활주라면 처음으로 타는 사람을 대상으로 하기 때문에, 가장 처음에 가장 하기 쉬운 기술로 익히는 기술 중 하나입니다. 그러나 B급이 되면 진행방향으로 상체를 향하게 한다든가, 올바른 밀기를 해서 트레이스를 20m 정도 10~12스트록으로 활주하지 않으면 안된다 라고 하는 식으로 각각 규정되어 있읍니다.

캐링에서도 B급이라면 조금씩 양 발의 폭이 넓어져도 여전히 반원 정도를 그려나가면 좋읍니다. 그런데 A급이 되면, 그 캐링을 왼쪽 돌기에서부터 오른쪽 돌기에로 연속해서 행하지 않으면 안되고, 그 때문에 양 발의 폭을 좁고 바르게 해서 타지 않으면 멈추게 되어버리고 맙니다.

이와 같이 중복은 되더라도 급수가 올라갈 때마다 기술면에 관해서는 앞의 급수 이상의 고도한 기술을 요구하게 되는 것입니다.

여러분은 이 책을 표본으로 해서 각 종목을 연습할 때, 쉬운 방법에서부터 올바르고 어려운 기술로 그 단계를 올라가면 됩니다. 그렇기 때문에 각 급에 의해 순서대로 판정기준이 높아져가도 여러분은 반드시 마지막에는 A급이 되실 것입니다.

그러면, 각 급의 테스트는 어떤 식으로 행하는 것일까요.

예를 들어, 직진활주는 직진활주, 스토핑은 스토핑이라고 하는 식으로 각 급에서 행하는 종목을 떼어내어서 행하지는 않읍니다.

한국 스케이트 연맹에서는, 각각의 기술을 하나로 집결시켜서 도형을 만들어 내어서 그 도형을 연속해서 실기를 해서 시험을 보는 식으로 하고 있읍니다.

스타트를 해서 약 20m를 전진의 직진활주를 하면, A점에 와서 왼쪽 돌기의 캐링을 해서 반원을 그려서 B점에서부터 또 전진의 직진활주가 되어서, C점에서 쉬운 스토핑(イ·ㅗ형)으로 정지를 한다.

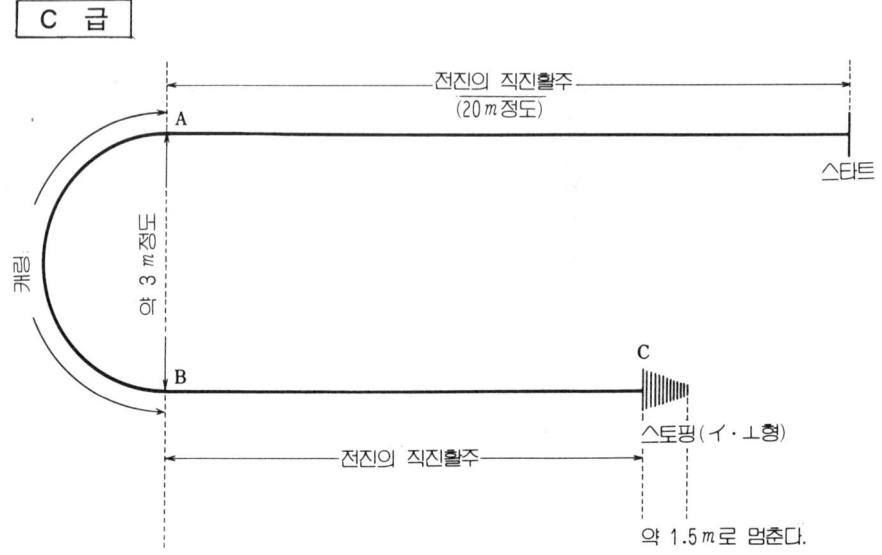

ㅁㅁㅁ기술의 정도ㅁㅁㅁㅁ

▶ **직진활주** 양 발이 인·에지로 타면서(양 스케이트가 인으로 기울어져서) 미끄러지다든지, 양 발 모두 토우로 미끄러져서(갑자기 한쪽 발이 앞으로 나온다) 빠진다든지 하는 형태는 모두 판정에서 제외된다.

좌·우의 트레이스와 발의 각도가 언밸런스라도, 어쨌든 한쪽발이 올바르게 프랫으로 미끄러지고 발 끝 방향도 각도가 잡혀 활주를 하면 괜찮다고 인정이 된다. 중요한 점은 배운 기술을 올바르게 실행해서 미끄러지는가, 노력해서 타고 있는가가 중요한 점이다.

▶ **캐링 양 발** 모두 인·에지로 타면 인정되지 않는다. 학습한 것을 조금이라도 실행하도록 해서 자기도 모르게 왼쪽 돌기가 되면, 예를 들어 그 도중에 멈추는게 차라리 낫다.

예를 들어 왼 발만 인·에지로 타고, 왼발은 오른발 보다 각도를 강하게 앞으로 내기 때문에, 브레이크를 걸어 도중에서 멈춰버린다든지, 또 오른발만에 체중을 실어서 왼 발은 쓸모없게 만들어 앞으로 빠지게 내버려 두는 사람도 있다. 이것은 양 발 모두 캐링으로서는 올바르지는 않다. 어쨌든 배운 바대로 실행하려고 해도, 기술이 동반되지 않으면 안된다는 걸 명심하지 않으면 안된다.

▶ 스토핑 イ형으로 멈추려고 해도 양발에 체중을 걸고 있기 때문에, 브레이크는 걸리지 않고 그대로 원을 그리면서 미끄러지는 사람은 판정외가 되어 인정되지 않는다.

배운바와 같이 한 발로 타면서 한발을 경사지게 해서 앞으로 내는 폼을 잡는것도 에지로 얼음에 주는 힘의 분배를 알수 없기 때문에, 브레이크를 걸려면 잠시 멈추게 되고, 또 브레이크를 걸면 미끄러져 겨우 멈추게 되는 사람이 있다. 그렇기 때문에 작은 원을 그리면서 멈추게 된다. 이와 같은 사람은 한층 더 원리를 공부하고 기술을 습득해야만 올바른 기술로 시험에 패스할 수 있으리라 여겨진다.

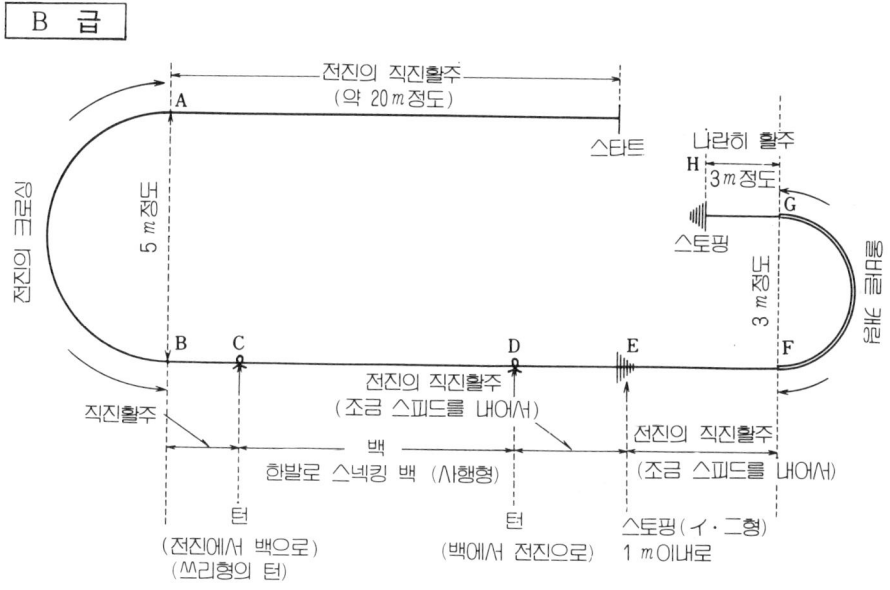

스타트를 해서 약 20m 정도 전진의 직진활주를 해서 A점에서부터 전진의 크로싱으로 커브를 활주해서 B점에서 직진활주가 된다. 그리고 상체가 안정된 점 C점에서 쓰리형의 양 발 교차로 턴을 해서 올바르게 한쪽발로 스넥킹으로 약 10m정도 미끄러진다.

D점에서 턴을 해서 전진활주가 되고, 조금 스피드를 내어서 E점에서 스토핑을 해서 멈춘다. 멈추고 나면 곧바로 전진활주를 해서 F점에서부터 올바른 캐링으로 왼쪽 돌

기를 하고, G점에 오게 되면 그대로 직진의 양발 수력활주가 되어 멈춘다.

ㅁㅁㅁㄷ기술의 정도ㄱㅁㅁㅁ

▶ **직진활주** 양 스케이트 모두 프랫으로 타고, 한쪽 발의 트레이스도 1.5m~2m 정도는 미끄러진다 (20m 정도를 스트록 10~12 정도로 활주한다).
상체도 타는 발의 방향으로 바르게 향하게 해서 활주하는데, 스케이트에 태우고 있는 체중의 위치가 미는 동작 때문에 앞으로 나온다든지, 뒤로 빠진다든지 해서 스피드도 나지 않고 트레이스도 길어지지 않는다고 하는 정도의 상태라면 좋다고 여겨진다.

▶ **캐링**.... 오른쪽 스케이트의 인·에지의 경사에 대해서 왼쪽 스케이트의 아웃·에지의 경사도가 약하고 (프랫에 가깝다), 그렇기 때문에 양 스케이트의 곡선이 다르다. 그렇게 되면 원을 그려서 나아가는 만큼 원이 부풀려져 간다. 이와 같은 경우라든가, 양 스케이트가 트레이스의 폭이 넓은 2개의 선을 그리면서 미끄러져 가는데, 여하튼 최후까지 반원은 그려서 역시 조금 여력이 있는 양 스케이트를 세우며, 수력활주로 직진이 가능할 정도라면 괜찮다.

▶ **스토핑**

● **亻형** 한쪽 발에 체중을 싣고, 한쪽 발을 앞쪽에 내어서 브레이크를 걸어 배운바가 있는 폼을 만든다.
그러나 브레이크를 걸어 맨마지막의 완전 정지상태에 가까워지면 상체가 앞 발에 옮겨가 버리기 때문에, 다소 미끄러지면서부터 상체를 일으켜서 서는 사람.
그런 때문에 최후가 불안정하게 되고, 다음에 연속해서 행하는 동작이 되지 않고 한번 폼을 만들어 두지 않으면 안되는 사람. 이 정도라면 괜찮다고 여겨진다.

● **八형** 에지를 눕힌 정도 또는 힘의 배분 정도를 아직 잘 모르는 상태이기 때문에, 스피드가 조금 있으면 안된다든지, 또 조금 스피드가 있으면 양 발에 평행한 힘을 걸어 브레이크가 걸리지 않는다든지, 정지한 후 폼을 바로잡는데 시간이 걸린다. 이 정도까지 가능한 사람이라면 괜찮다고 여겨진다.

● **二형** 스피드를 떨어뜨리지 않으면 안되는 사람. 또한 모양은 만들어지는데 확실히 상체를 지금까지의 방향으로 남겨놓고 허리 밑의 회전에 의한 브레이크가 아직 걸리지 않고, 그 결과 완전정지가 되지 않아서 멈춘 후에도 조금 또 미끄러지는 정도라면 괜찮다고 생각된다.

▶ **전진의 크로싱** 밀기를 한 스케이트가 미끄러진다든지(완전히 밀기가 되지 않아 어느정도 미끄러져버림), 토우에서 빠지기로 얼음뒤에 미끄러진다든지 해도 일정한 원주 위를 크로스하면서 나아 간다. 또 상체의 움직임이 언밸런스로 특히 왼쪽 아웃의 밀기 동작을 할 때, 왼쪽 어깨를 바깥쪽 앞으로 내밀듯이 하는 폼으로 크로스를 한다.
이와 같이 폼은 나쁘더라도 반원 이상의 원주를 크로스 하면서 돌아나갈 수 있다면 괜찮다.

▶ **턴** 한 발씩 서로 체중을 옮겨 실으면서 턴을 해 와서 턴을 할 때 다소 브레이크가 걸리는데 (몸의 휘어짐이 아직 제대로 안됨), 어쨌든 멈추는 일 없이 턴을 할 때에 강한 각도로 전체의 트레이스가 곡선을 그리면서 나아가고 있기 때문에 이것만으로도 괜찮다고 볼 수 있다.

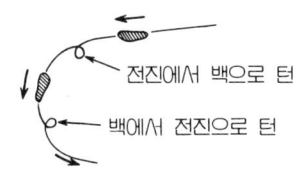
전진에서 백으로 턴
백에서 전진으로 턴

▶ **백(한발 스넥킹 백)** 체중을 타는 발 스케이트의 앞쪽에 태워서 백을 한다. 때문에 미는 발은 토우로 미끄러지듯이 밀기를 하는 것이기 때문에 당연히 백 전체의 트레이스는 작은 원이 되어 1스트록이 1~1.5m의 작은 곡선이 되어 있다.
그러나 어쨌든 뒷쪽에 스넥킹을 하면서 나아간다. 이 정도라면 괜찮다고 여겨진다.

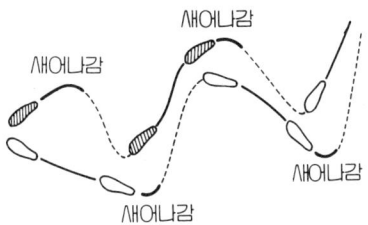
새어나감
새어나감
새어나감

## A 급

스타트를 해서 약 20m 정도를 올바른 직진활주를 해서, A점에서 전진의 크로싱이 되어 1주반(반지름 5m 정도)을 돈다. 그리고 B점에서 직진활주가 되어 약 5m 정도 미끄러져서, C점에서 전진에서부터 백으로 턴을 한다.
백·스케이팅이 되어 5m 정도 나아가면서 D점에서 백·크로싱을 해서 1주(한 바퀴) 돌아서 D점에 돌아온다.
그 다음에 올바른 한발 활주의 스넥킹 백·스케이팅을 해서, E점에서 백에서부터 (덧슈해서) 5m 정도 나아가서, F점에서 二형의 스토핑으로 급정지 한다.
정지하면 곧 몸을 바로 잡고서 전진의 직진활주가 되어 스피드를 내서 양발 나란히 활주를 하고, G점에서 왼쪽 돌기의 캐링을 행한다. 캐링으로 반원을 나아가면 상체를 다시 바로잡아 오른발을 앞으로 내면서, H점에서 오른쪽 돌기의 캐링으로 옮아간다. 오

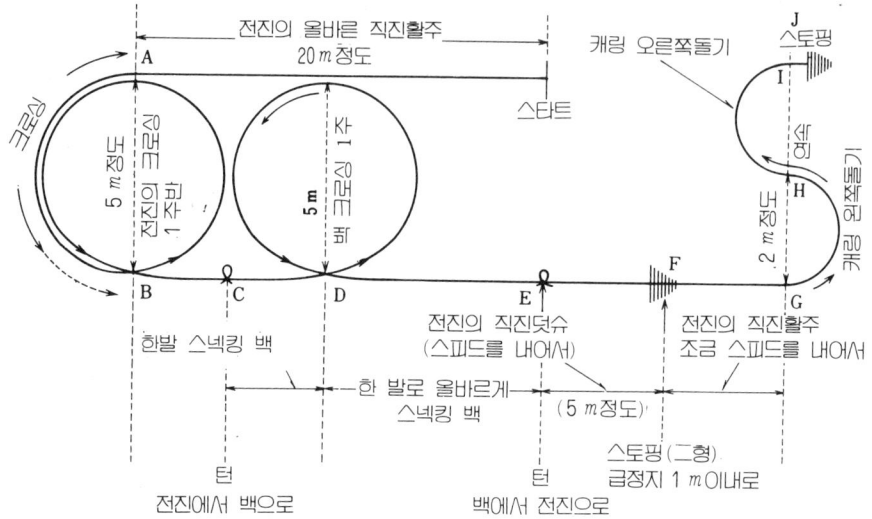

른쪽 돌기의 캐링에서 반원을 돌아 I점으로 돌아 오면, 몸을 바로 해서 J점에서 스토핑을 해서 완전 정지하고 끝낸다.

□□□기술의 정도□□□□

거의 완전에 가깝게 되면 이제 자신이 있다고 말하는데, 적어도 A급이 되기 위해서는 이하에 언급한 내용 정도의 기술은 필요하다.

▶ **직진활주** 이 기술은 C급, B급을 거쳐 일관해서 연습을 계속해 온 것이며, 또 스케이팅의 모든 기술의 가장 기본이 되는 것이기 때문에 고수준을 요구한다. 그런고로 올바른 직진활주의 양발 프랫으로 타고, 체중은 항상 스케이트의 뒷 부분에 태워서 전후의 움직임 없이 올바른 자세로 미끄러지지 않으면 안된다.

트레이스도 1스토록이 3∼4m로 스피드도 내면서 안정이 잘 되지 않으면 안된다.

▶ **캐링** 좌·우의 스케이트를 인·아웃의 경사도 같게 해서 체중도 양 스케이트의 뒷부분에 평균해서 싣고서 탈 것.

트레이스의 폭(양발 간격)은 거의 없게 해서 앞으로 나아가는 스케이트를 뒤에서부터 나아가는 스케이트가 한 선에 가깝도록 따라 붙여갈 것.

스피드는 끝까지 갑자기 떨어뜨리는 일은 없게 하고, 반원이 끝나고 뒷쪽 스케이트를 끌어당겨 와서 양 스케이트를 프랫으로 세워서 거리를 두고 직진의 수력활주를 한다. 또 뒷쪽의 스케이트를 끌어당겨와서 양 스케이트가 프랫이 되면, 그대로 끌어당겨 온 스케이트를 앞으로 내어서 양 발을 반대쪽에 눕혀 반대쪽 캐링으로 이행할 수가 있다.

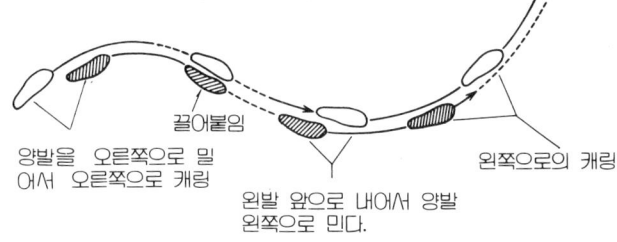

▶ 스토핑 イ·ㅗ·八 형 그 어느 것도 최단거리로 올바른 폼으로 정지할 수 있어야 한다. 정지 직후에 곧바로 다음 동작으로 옮겨갈 수 있어야 한다.

　二형은 상체를 바르게 지금까지의 진행방향(멈춘 방향)으로 향한 채로, 최단거리로 멈춰서 정지시의 폼을 허물지 말고 곧바로 다음의 동작으로 들어가는 것이 중요하다.

　중요한 것은, 곧바로 다음의 동작으로 옮아가려고 하는 때에 아무리 급정지를 해도 올바른 폼을 무너뜨리지 않고 에지를 능숙하게 사용한다고 하는점과 통하는 것이다.

▶ 전진의 크로싱····· 무릎 관절의 신축성을 이용해서, 좌우의 동작이 평균해서 유연한 폼으로 돌 수가 있어야 한다.

　특히, 왼쪽의 인, 오른쪽의 아웃 (왼쪽 돌기의 경우) 의 에지로 미는 것이, 말하자면, 에지 전면의 옆밀기를 확실히 진행시켜 나가는 것이 필요하고, 토우의 미끄러짐, 그리고 밀기를 할 때의 미끄러짐 등은 안된다.

　물론, 상체가 바깥쪽으로 쏠리는 것도 안된다.

▶ 턴 거의 직선에 가까운 선 위를 턴 하면서 나아간다. 턴을 해도 지금까지 미끄러져 온 스피드에 변화가 없이 동작에 리듬이 있는 것이 중요하다.

　한 발로 바꾸어서 타는 동작으로 스케이트의 인·아웃의 에지의 사용법, 스케이트의 전후에의 구별법 등을 확실히 알고서 행하도록 하고, 쓰리형의 턴 외에 발은 얼음에서 떨어지게 해서 하는 모호크 형의 턴도 할 수 있어야 된다.

　턴을 하는 순간에 얼음을 치는 소리가 귀에 들릴 정도가 되면 올바른 발 바꾸기가 되어있지 않다는 증거가 됩니다.

### ▶ 백 (한발 스넥킹 백)

1스트록의 트레이스가 늘어져서 직선으로 2~3m 이상을 백이 가능할 것.

폼도 유연하고 리듬이 있다. 스케이트로 프랫에 태우고, 체중도 스케이트의 올바른 위치에 태우고 있다.

밀기는 인·에지로 스케이트의 옆에 몸이 기울어져 앞쪽에 전면으로 밀고 백을 해서 타는 발의 앞 끝으로 뒷꿈치부터 밀어 붙여 온다. 전체의 트레이스도 늘려친 상태로 사행을 해 갈 것.

이상 프레잉 스케이팅의 테스트에 대해서 설명했는데, 여러분은 꼭 C급이 가능해지면 B급으로, B급이 패스를 하면 A급으로 많이 연습을 해서 급을 나아가도록 하십시오. 그리고 스케이팅을 육상에서의 동작과 같은 식으로 되도록 몸에 익혀서 즐기도록 하십시오.

또 이들 기술 모두를 마스트해서 A급에 패스를 하면, 이들 기술은 다음의 스피드·피겨·아이스하키와 전문경기 기술의 기본이 되고 있기 때문에, 어느 부분으로 들어가더라도 그들 경기기술을 곧 익힐 수 있게 될 것입니다.

어느 곳에 들어가더라도 스케이팅인 이상 곧바로 활주할 수 있게 되어 돌면서 미끄러지고 체중을 스케이트에 올바르게 태울 수 있게 되기 때문에, 또 에지의 올바른 사용법과 체중의 이동을 자유롭게 할 수 있게 되면 모든 부분의 기본이 완전히 갖추어졌다고 볼 수 있읍니다.

육상에서 달리기를 하는 것도, 야구나 럭비를 하는 것도, 댄스를 하는 것도, 그것들은 태어나면서부터 성장해 가는 과정에서 육상생활 가운데서 올바른 동작이 가능할 수 있는 것이 기본이 되어 있는 바 입니다. 걷는 것도, 달리는 것도 불가능한 상태에서는 그 이상의 스포츠는 상상할 수도 없는 일이지요.

이와 같이 생각하면, 이 프레잉·스케이팅을 연습하는 시기야말로 이 책의 과정처럼 올바른 연습을 해서 기초를 완전히 몸에 익히는 것이 무엇보다 중요한 일임을 잊어서는 안됩니다.

자 여러분! 이제 한 번 제 1과정에서부터 올바른 스케이팅을 한 걸음 한 걸음 익혀나가보지 않겠읍니까?

판권본사소유

### 현대 피겨스케이트 교본

2018년 4월 20일 재판
2018년 4월 30일 발행

**지은이** | 현대레저연구회
**펴낸이** | 최 원 준

**펴낸곳** | 태 을 출 판 사
서울특별시 중구 다산로38길 59(동아빌딩내)
**등 록** | 1973. 1. 10(제1-10호)

ⓒ2009, TAE-EUL publishing Co.,printed in Korea
※잘못된 책은 구입하신 곳에서 교환해 드립니다.

■ 주문 및 연락처
우편번호 04584
서울특별시 중구 다산로38길 59 (동아빌딩내)
전화 : (02)2237-5577   팩스 : (02)2233-6166

ISBN 978-89-493-0524-0   13690

현대인의 건강과 행복을 추구하는

# 최신판「현대레저시리즈」

각박한 시대 속에서도 여유있게 삽시다!!

### 현대골프가이드
● 초보자를 위한 코오스의 공격법까지를 일러스트로 설명한 골프가이드!

### 현대요가미용건강
● 간단한 요가행법으로 날씬한 몸매. 잔병을낫게 하는 건강비법 완전 공개!

### 현대태권도교본
● 위협적인 발차기와 가공할 권법의 정통 무예를 위한 완벽한 지침서!

### 현대복싱교본
● 복싱의 초보자가 챔피언이 될 수 있는 비결을 완전 공개한 최신 가이드!

### 현대펜싱교본
● 멋과 품위, 자신감을 키워주는 펜싱의 명가이드!

### 현대검도교본
● 검술을 알기 쉽게, 빠르고 정확하게 체득 할 수 있는 검도의 완벽한 지침서!

### 현대신체조교본
● 활력이 넘치는 싱싱한 젊음을 갖는 비결, 현대 신체조에 대한 완전가이드!

### 현대즐거운에어로빅댄스
● 에어로빅댄스를 통하여 세이프업한 체형을지키는 방법 완전공개!

### 현대보울링교본
● 몸도 젊게, 마음도 젊게, 남녀노소 누구나 즐길 수 있는 최신 보울링 가이드!

### 현대여성헬스교본
● 혼자서 틈틈이, 집에서도 손쉽게, 젊은 피부·매력있는 몸매를 가꾸는 비결집!

### 현대디스코스텝
● 젊은층이 즐겨 추는 최신 스텝을 중심으로 배우기 쉽게 엮은 디스코 가이드!

### 현대소림권교본
● 소림권에 대해 흥미를 가지고 있는 초보자를 위하여 만든 소림권 입문서!

### 현대태극권교본
● 천하무적의 권법으로 알려지고 있는 태극권의 모든 것을 공개한 지침서!

### 현대당구교본
● 정확한 이론과 올바른 자세를 통한 초보자의 기술 향상을 목표로 한 책!

### 현대유도교본
● 작은 힘으로 큰 힘을 제압하는 유도의 진면목을 익힐 수 있도록 편집된 책!

＊ 이상 전국 각 서점에서 지금 구입하실 수 있읍니다.

태을출판사　＊주문 및 연락처
서울 중구 신당6동 52-107(동아빌딩내)　☎ 02-2237-5577